David Walbelder

Wertschätzend miteinander umgehen

David Walbelder

Wertschätzend miteinander umgehen

Eine Prophylaxe für Paare

camino.

Inhalt

Anleitung zur Prophylaxe

Willkommen im Haus für Kommunikationsexperten

Stell dir vor, du kannst in eine Wohnung einziehen. Nur für ein paar Wochen. In diesem Haus leben Paare. Sie unterhalten sich über die Themen, über die Paare sich eben unterhalten, haben die Differenzen, die Paare eben haben und auch mit der Kommunikation rumpelt es manchmal. Naja, wie es bei Paaren eben so ist. Und dieses Haus kann eigentlich überall stehen. In jeder Stadt, an jedem Ort. Denn diese Menschen, ihre Themen und ihre Herausforderungen in der Kommunikation, die gibt es überall.

Auch du kennst wahrscheinlich Menschen wie diese und einige der Themen spielten in deiner Beziehung schon eine Rolle. Wenn du die Paare so reden hörst, erkennst du dich, deinen Partner oder deine Partnerin auch mal ab und zu wieder. Das Wunderbare an diesem Haus: Du kannst alle Paare und ihre Kommunikation beobachten und ihnen zuhören. Sie bemerken dich nicht. Du bist der unsichtbare Vogel, der aus seiner Überblicksperspektive alles mitkriegt. Die Paare erleben diese Themen und die kommunikativen Herausforderungen quasi für dich. Du kannst in Ruhe zuschauen und sehen, wo es schwierig wird und wie sie damit umgehen. Ich hoffe, es stört dich nicht, wenn ich mitkomme. Du siehst, was hilft, und was der Kommunikation eher schadet. Es sind Geschichten, die das Leben von Paaren immer wieder schreibt und auf die du manchmal lieber vorbereitet wärst.

In jedem Kapitel geht es um ein Paar und ein Thema. Wir beobachten zusammen eine kurze Situation, die ich dann kommentiere. Dabei geht es nicht nur um das Thema, über das die beiden sprechen, sondern auch um allgemeine Tipps für die Kommunikation. Das sind Hinweise, die unabhängig vom konkreten Thema in der Paarkommunikation hilfreich sind.

Woher ich wissen will, dass die hilfreich sind? Kurze Antwort: weil andere das so herausgefunden haben und sich das in der Praxis bewährt hat. Wer sich mit dem Thema Paarkommunikation auseinandersetzt, wird schnell merken, dass wir schon recht gut wissen, was Paaren in ihrer Kommunikation hilft und was es zu vermeiden gilt. Psychologinnen, Pädagogen, Soziologinnen, Therapeuten, aber auch Seelsorgerinnen oder Philosophen haben sich mit dem Thema beschäftigt, vieles herausgefunden und dieses Wissen in Theorien, Studien oder Kurse gepackt. Bei denen habe ich mich auch ganz schamlos inspirieren lassen.

Ich bediene mich beim Paarkommunikationstraining EPL, der systemischen Beratung und Therapie, der gewaltfreien Kommunikation, klassischen Feedbackregeln, den Theorien von Paul Watzlawick und vielem mehr. Genauso, wie sich auch diese Menschen und Theorien gegenseitig und woanders haben inspirieren lassen. Wäre ja auch komisch, wenn ausgerechnet bei der Paarkommunikation eine einzelne Person alles alleine herausgefunden hätte.

Aber wenn wir schon so viel wissen, warum haben so viele Paare dann immer noch Schwierigkeiten, wertschätzend miteinander umzugehen? Weil dieses Wissen eben nicht alle erreicht. Ist ja bei vielem so. Es weiß ja auch nicht jeder Autofahrer exakt, wie ein Auto funktioniert. Aber während ich das Auto im Zweifelsfall einfach in die Werkstatt bringen kann, sind die Hürden bei der Paarkommunikation auch mal in eine »Werkstatt« zu gehen, für viele höher. 21. Jahrhundert hin oder her: Viele Paare wollen immer noch nicht einen

Therapeuten aufsuchen, an einem Kurs teilnehmen oder ein dickes wissenschaftliches Buch über Paarkommunikation lesen. Die Gründe dafür sind sehr unterschiedlich und auch verständlich: Einige wissen nicht um die verschiedenen Möglichkeiten, anderen ist es peinlich, wiederum andere glauben, keine Zeit dafür zu haben. Auch gerne genommen: kein Geld – obwohl es auch kostenlose Angebote gibt, womit wir wieder beim Wissen sind – oder das Bewusstsein: »Aber wir haben doch gar keine Probleme!« Gerade diese letzte Aussage ist extrem tückisch. Denn das mag grundsätzlich stimmen. Hier bietet sich wieder der Autovergleich an: Wenn ich da ungewöhnliche Geräusche höre, versuche ich, das Auto in die Werkstatt zu bekommen, bevor mir bei 120 km/h das Getriebe um die Ohren fliegt. Beim Auto haben wir den TÜV, bei den Zähnen nennen wir es Prophylaxe. Und genau das ist dieses Buch: eine Prophylaxe für Paare.

Und was genau soll da jetzt dieses Buch? Es soll dir einen Einstieg ins Wissen über Paarkommunikation liefern und praktische, umsetzbare Tipps gleich mit. Es setzt an ganz alltäglichen Situationen von Paaren an, die fast jeder kennt und garniert diese mit dem Wissen, das zu den Situationen passt. Ich habe versucht, es möglichst unterhaltsam zu schreiben, auf wissenschaftlichen Sprachstil und lange Essays zu verzichten und es ist kein Kurs, keine Beratung, keine Therapie. Wichtig: Genau deshalb ersetzt es aber auch nichts davon. Wer dieses Buch liest und mehr will, den möchte ich ermutigen: Du merkst, dass du Paarkommunikation einfach spannend findest und willst mehr wissen? Nichts wie los, besorg dir Fachbücher! Du merkst, du brauchst mehr Praxis, als ein Buch liefern kann? Ab in den nächsten Kurs zur Paarkommunikation. Du merkst, dass du in deiner Beziehung schon einige kommunikative Probleme hast, die nicht so ohne Weiteres lösbar sind? Dann heißt es, auf zur nächsten Beratungsstelle oder zu therapeutischer Unterstützung.

Das Buch darf gerne die Einstiegsdroge sein. Wenn du und deine Partnerin oder dein Partner feststellen solltet, dass ihr kein weiteres Angebot braucht, umso schöner. Falls doch, hoffe ich, ein bisschen Türöffner spielen zu können.

Selbst wenn du und deine Partnerin oder dein Partner in Zukunft alles aus diesem Buch umsetzt: Gewisse Reibungspunkte wird es (hoffentlich!) immer und in jeder Beziehung geben. Wenn nicht, bitte ganz schnell den Puls des Partners checken! Menschen verschwimmen in einer Beziehung nicht zu einem konturlosen Einheitsbrei, in dem alles gleich ist. Zumindest wäre das wünschenswert. Und wo es Unterschiede gibt, gibt es Reibung und die erzeugt ja bekanntlich Wärme. Eine Beziehung lebt auch von Spannungen und davon, dass eben nicht immer alles rundläuft. Das macht sie reizvoll.

Trotzdem kann man eben an den Tipps und aneinander lernen. Mit der Zeit kommuniziert ihr dann wertschätzender miteinander, die Regeln wendet ihr immer besser an, und natürlich fallt ihr zwischendurch mal wieder in alte Muster zurück. Das passiert den unterschiedlichen Paaren hier im Buch und denen im echten Leben auch.

Hast du die Umzugskartons schon gepackt? Gut, dann ziehen wir mal schnell ein in dieses Haus!

David Walbelder

Treue

Wie man echte und konkrete Fragen stellt

Warum ist Treue eigentlich so ein Reizthema? Treu zu sein, das finden doch alle wichtig. Aber was alles dazugehört und was noch gerade so in Ordnung ist – gar nicht so leicht zu klären. Das müssen auch Kerstin und Stefan herausfinden.

Ich gehe gerade die Treppe hoch in den dritten Stock und schaue bei den beiden vorbei. Es ist die linke Wohnung mit den Schuhen um die Fußmatte herum. Für einen Schuhschrank sind sie einfach nicht spießig genug – noch nicht. Kerstin studiert noch in den letzten Zügen und Stefan ist erst seit zwei Jahren im Job. Das Geld nutzen die beiden, um beim großen schwedischen Möbelhändler nicht nur bei den Sonderangeboten zuzugreifen. Ihr Motto: bequemere Couch first, Schuhschrank second.

Heute ist Dienstagabend. Das heißt für die beiden: Couch, romantische Komödie auf Netflix und ein Becher Eis mit so viel Schokostücken, dass die schon ohne das Eis drumherum eine Mahlzeit ersetzen könnten. Der Abspann läuft und die Hauptdarsteller haben sich – natürlich – trotz aller Widrigkeiten gekriegt. Til Schweiger hat kurz vor Schluss noch etwas gesagt, was sich in etwa so zusammenfassen lässt: »Ab jetzt gibt es nur noch uns beide. Mit dir kämpfe ich auch gegen den Rest der Welt. Scheiß auf die anderen, ich werde immer bei dir bleiben!«

Kerstin streckt sich und sagt: »Hach, ich weiß ja, dass der Film Kitsch ist, aber das Ende hat mich trotzdem voll gekriegt. Das ist irgendwie so schön, dieses ›ab jetzt gibt es nur noch uns beide‹. Immer füreinander da sein, treu bleiben und so weiter. So wie bei meiner Oma und meinem Opa. Aber das gibt es heutzutage kaum noch.«

Stefan ist sich gerade nicht ganz sicher, wie er darauf am besten reagiert. Abgesehen davon, dass er eigentlich gleich ins Bett will, weil er morgen früh raus muss, ist er sich nicht sicher, was dieser letzte Satz bedeuten soll. Auf einen Versuch lässt er es aber ankommen.

»Was soll das denn heißen: Gibt es heutzutage kaum noch? Wir beide sind doch zum Beispiel schon seit sechs Jahren zusammen.«

»Wahnsinn: sechs Jahre! Das ist ja mal eine Ewigkeit!«

»Naja, Til Schweiger musste es im Film auch nur zwei Minuten aushalten – bis zum Abspann. Über sein ›für immer‹ sind wir schon lange hinaus.«

»Sehr witzig. Du weißt doch genau, was ich meine.«

»Jaja, ich weiß.«

Kerstin verdreht genervt die Augen: »Von wegen ›ich weiß‹. Dir fällt es doch schon schwer, am Wochenende mal einen Abend nicht mit deinen Leuten unterwegs zu sein. Weißt du, Treue heißt, füreinander da zu sein. Und nicht, sich bei jeder Kleinigkeit rauszuziehen. So richtig das Ein und das Alles für den anderen zu sein.«

»Hä? Aber ich bin doch für dich da. Wo ist denn dein Problem?«

»Ja das merke ich richtig, wie du für mich da bist, wenn du da so mit Sonja flirtest.«

»Bitte was? Wann das denn bitte?«

»Die ganze Zeit. Jedes Mal, wenn wir mit ihr und den anderen unterwegs sind!«

»Ja, aber...«

Echte Fragen, konkrete Situationen und beim Thema bleiben

Ich unterbreche hier mal kurz. Zwischen den beiden ist in den wenigen Sätzen schon eine Menge passiert. Es lohnt sich, das auseinander zu dröseln. Treue ist schließlich für die Meisten ein wichtiger Faktor in der Beziehung. Kerstin scheint dazu etwas bereden zu wollen und spricht das Thema an – eigentlich eine gute Idee. Das Problem ist die Art und Weise. Sie tut das nämlich durch die Blume und wird nicht konkret. Der Film dient ihr als Türöffner für das Thema. Dann bringt sie noch ihre Großeltern ins Spiel und zum Schluss den Wink mit dem Zaunpfahl: ihre Beobachtung, dass es Treue *heutzutage* kaum noch gäbe. Damit liegt der Ball bei Stefan, der jetzt reagieren muss und Gedankenleser spielen darf: »Was soll das heißen? Was meint sie damit? Was erwartet sie?« Wenn Kerstin *konkret* benannt hätte, dass sie bei dem Film auch an ihre Beziehung mit Stefan denken muss und erklärt hätte, warum, wäre das Gespräch sicher anders verlaufen.

Wenn zwei Menschen länger zusammen sind, erwarten sie gerne mal voneinander, dass der oder die andere schon weiß, wie etwas gemeint ist. Das ist für kleine romantische Gesten genau das Richtige: »Den Blick kenne ich, jetzt hilft nur noch Latte macchiato.« Auch Sex wäre eine ziemlich unromantische Angelegenheit, wenn die Partner sich nicht auf ihre Intuition verlassen könnten und alles im Detail durchsprechen müssten.

Aber wenn über ein so großes Thema wie Treue gesprochen werden soll, ist diese »Lies-es-mir-gefälligst-von-den-

Augen-ab«-Haltung schwierig. Denn Stefan kann bestenfalls raten, wie der Kommentar gemeint ist. Ob Kerstin die Beziehung der beiden meint oder die Gesellschaft im Allgemeinen, ob sie jetzt diskutieren will oder nicht. Klar, so ein Thema wie Treue ist auch sehr grundsätzlich und sehr allgemein. Gerade deshalb ist es wichtig, erstmal klarzustellen: »Worüber *genau* reden wir hier eigentlich?« Gerade weil es so allgemein ist, hat bei diesem Thema jeder für sich eine genaue Vorstellung davon, was dazugehört und hält sie für selbstverständlich.

Wie soll man da also »konkret« sein? Soll Kerstin etwa sagen: »Ich will ganz konkret, dass du mir treu bist«? Naja, so ähnlich. Irgendetwas steckt ja hinter der Aussage: »Das gibt es ja heutzutage kaum noch.« Spätestens, wenn Stefan nachfragt, könnte sie beispielsweise erklären, was Treue mit Stefans Wochenendplänen zu tun hat. Zum Beispiel: »Als du letzten Freitag mit deinen Leuten loswolltest, da hatte ich den Eindruck, dass du so richtig Bock auf den Abend hattest. Du warst da so voller Energie. Und als wir dann am Samstagabend etwas machen wollten, hatte ich den Eindruck, dass du ziemlich durchgehangen hast. Ich hatte das Gefühl, dass du lieber mit deinen Leuten abhängst. Und dann habe ich mich erinnert, wie du der Sonja so zugezwinkert hast.« Stefan wüsste jetzt, um welche Situation es genau geht und welches Verhalten Kerstin meint. Denn auch, wenn er häufiger mit seinen Leuten loszieht und Sonja vielleicht eine sehr gute Freundin ist: Wer genau weiß, um welche Situation es geht, kann sich die einfach wieder ins Gedächtnis rufen. Dann kann er viel besser nachvollziehen, was da wie passiert ist und warum er sich wie verhalten hat.

Stefan hat offenbar eine Idee, die gar nicht so schlecht ist: Wenn ich etwas nicht einordnen kann, frage ich nach. Ganz klar. Macht er dann auch: »Was soll das denn heißen, ›gibt es heutzutage kaum noch‹? Wir beide sind doch zum Beispiel schon seit sechs Jahren zusammen.« Netter Versuch, aber das ist keine echte Frage – erst recht nicht in dem Tonfall. Bei echten Fragen bin ich nämlich wirklich auf die Antwort gespannt, denn ich will ja etwas erfahren oder besser verstehen. In diesem Fall: Was Kerstin mit ihrem Kommentar eigentlich meint. Stefans Frage bekundet aber kein Interesse. Ganz im Gegenteil, sie enthält schon eine Unterstellung und wirkt dadurch eher wie ein Vorwurf: »Du liegst falsch!« Solche Fragen signalisieren Kerstin nicht: »Ich bin ehrlich interessiert daran, was du meinst und wie du das meinst.« Sie behaupten: »Ich weiß schon ganz genau, wie du das meinst und es ist Blödsinn.« Auf solche Fragen antwortet keiner gerne. Es gibt relativ einfache Fragen, die da besser funktionieren. Zum Beispiel ein offen ausgesprochenes »Was meinst du damit?«. Das hat auch den Vorteil, dass man echte Zusatzinformationen gewinnt, mit denen dann plötzlich Sinn ergibt, was vorher noch unverständlich war.

Stefan schiebt außerdem noch eine Vermutung rüber: Bei Treue, so seine Meinung, denkt Kerstin vor allem an Menschen, die lange zusammenbleiben. Im weiteren Verlauf des Gesprächs deutet sich aber an, dass Kerstin eigentlich einen anderen Aspekt von Treue meint: füreinander da sein, Zeit zu zweit verbringen. Dass Stefan mit seiner Vermutung daneben liegt, ist übrigens kein Wunder: Wer einfach mal drauf losrät und die Gedanken des anderen lesen will, trifft bestenfalls zufällig, auch wenn man sich nahesteht. Leider springt Kerstin direkt darauf an mit ihrem Kommentar: »Sechs Jahre sind ja voll die Ewigkeit.« Sie *bleibt* selbst *nicht bei ihrem eigentlichen Thema.* Denn ihr geht es ja eigentlich gar nicht um die Länge der Beziehung. Das ist ein weiteres Problem von unechten Fragen: Wenn damit direkt ein Vorwurf oder eine Unterstellung kommuniziert wird, fühlen sich die meisten genötigt, zu reagieren und ihn richtigzustellen. Dadurch verlieren sie dann den Faden und innerhalb von wenigen Minuten kommt man von Hölzchen aufs Stöckchen und diskutiert sich um Kopf und Kragen.

Weil das mit der Frage nicht gut geklappt hat, stimmt Stefan dann gerne zu, dass er schon weiß, wie sie das meine. Bloß nicht nochmal nachfragen. Lieber das Hirn auf Autopilot stellen und keine Widerstände schaffen. Obwohl er nicht den Schimmer einer Ahnung hat, was eigentlich los ist. Das merkt Kerstin natürlich und schaltet intuitiv auf Angriff um. Auch da bleibt sie nicht wirklich beim Thema. Als Beobachter frage ich mich gerade, ob jetzt Stefans Beziehung, seine Wochenendplanung oder seine Flirtversuche mit Sonja Thema sind. Natürlich hat alles irgendwie mit Treue zu tun. Aber mehrere Aspekte eines Themas gleichzeitig zu klären, funktioniert selten.

Stefan hört zwar weiterhin zu, aber an seinem Fragestil ändert sich wenig. Zu jeder Frage gibt es gratis einen Vorwurf dazu. Und weil er nicht echt nachfragt, bekommt er auch keine echten Antworten. Kerstin spricht von füreinander da sein und das Ein und das Alles sein. Was sie damit eigentlich konkret meint, sagt sie leider nicht. Was genau wünscht sie sich von Stefan? Bisher sagt sie nur, was sie sich *nicht* wünscht: dauernd mit den Freunden um die Häuser ziehen und »jedes Mal« mit Sonja flirten. Dass Stefan »die ganze Zeit« und »jedes Mal« mit Sonja flirtet, kann ich mir nicht vorstellen. Und was heißt für Kerstin denn überhaupt *flirten*? Sich mit Sonja unterhalten? Ein langer schmachtender Blick? Seine Hand auf ihrem Knie? Auch hier würde es helfen, wenn sie konkreter wird. Das könnte zum Beispiel so gehen: »Letzten Freitag habe ich gesehen, dass du Sonja genauso in die Augen schaust, wie du mir kurz vor unserem ersten Kuss in die Augen geschaut hast. Das hat mich irgendwie verletzt, weil ich dachte, dieser Blick ist nur für mich.« Dann wüsste Stefan jetzt ganz genau, worum es geht, könnte erklären, warum er Sonja so angeschaut hat, was er gedacht hat und was nicht. Außerdem hätte sie so konkret von sich und ihrer eigenen Wahrnehmung gesprochen, anstatt Stefan mit allgemeinen Vorwürfen zu konfrontieren. So haben wir viel mehr Verständnis für die Kritik, die wir hören. Ein weiterer Vorteil: Stefan kann nächsten Freitag mal darauf achten, wie er sich verhält, wenn Sonja ihm lange in die Augen schaut…

Wer definiert, regiert

Aber ich sehe gerade, dass die beiden immer noch mitten in der Diskussion sind. Zum zweiten Becher Eis hat sich eine mittlerweile schon recht amtlich geleerte Flasche Rotwein gesellt. Stefan kann ja morgen später zur Arbeit fahren und Kerstins erste Vorlesung ist jetzt gerade nicht mehr wichtig. Es geht immer noch um Treue. Rotwein und

Eis haben so manche Kommunikationsschwierigkeit vom Anfang erfolgreich verdrängt. Wie sich vorhin angedeutet hat, geht es Kerstin um zwei recht konkrete Punkte: Stefans Verhalten gegenüber Sonja und wie er einen großen Teil seiner Energie in die Treffen mit anderen steckt und nicht in die Zeit mit ihr.

»Was meinst du denn? Hab' ich den Blick, den du Sonja da zugeworfen hast, jetzt nur so interpretiert oder war der wirklich etwas flirtmäßig?« Kerstin ist ehrlich gespannt, nachdem sie die Frage gestellt hat.

»Puh. Ganz ehrlich, das kann ich gerade selber nicht so richtig einschätzen«, antwortet Stefan. »Ich würde lügen, wenn ich sagen würde, dass mir das nicht irgendwie schmeichelt, mit Sonja zu schäkern. Du meintest ja vorhin, dass ich da mit so viel Energie unterwegs bin. Das merke ich natürlich schon.«

Kerstin muss sich gerade spürbar zusammenreißen, um keinen eingeschnappten Blick von sich zu geben. Also nochmal alles an Selbstkontrolle sammeln: »Wieso hast du das bei Sonja so?«

Stefan überlegt kurz: »Ich glaube, dass das viel mehr mit der Situation als mit ihr als Person zu tun hat. Wenn wir mit den Leuten am Start sind, entsteht eine ganz andere Atmosphäre und irgendwie macht es halt auch Spaß, immer mal wieder so ein bisschen zu flirten.«

»Mhm.«

»Was heißt mhm?«

»Naja, gut finde ich das natürlich nicht gerade. Ich meine, bist du sicher, dass da nicht mehr ist?«

»Voll. Hast du das denn gar nicht bei irgendwem von

deinen Freunden? Dass ihr da so eine flirtige Ebene habt?«

Kerstins Antwort kommt jetzt wie aus der Pistole gefeuert: »Nein. Und da würde ich schon aus Prinzip nicht drauf eingehen, wenn das von jemandem kommen würde.«

Es tritt eine kurze Stille ein, in der ich den beiden quasi beim Nachdenken zusehen kann. Die typische Streitgesprächsstille: Wer sich zuerst regt, verliert. Irgendwann gibt sich Stefan einen Ruck. Denn er bemerkt, wie sehr Kerstin sich angestrengt hat, um bei diesem Thema die Ruhe und eine erträgliche Stimmhöhe zu wahren.

»Ist das echt so komisch für dich? Hast du noch nie einen anderen Typen heiß oder zumindest spannend gefunden, seit wir zusammen sind?«

Kerstin will schon wieder unüberlegt antworten, hält sich aber gerade noch zurück: »Klar, finde ich auch mal einen Typen gut aussehend oder attraktiv. Aber weißt du, ich würde da nie anfangen, wirklich zu flirten.«

Schulterzucken bei Stefan: »Wieso nicht?«

»Na, weil ich finde, dass man das nicht macht, wenn man treu ist! Außerdem habe ich da überhaupt keinen Bock drauf.«

»Meinst du also, ich bin untreu, wenn ich mit Sonja flirte? Obwohl mir klar ist, dass das einfach nur Spaß ist und ich gar nichts von ihr will?«

»Ich glaube nicht.«

»Wo ist dann dein Problem?«

Kerstin merkt, dass sie jetzt etwas ausholen muss: »Ich hab die letzten Tage abends Jasmin im Treppenhaus getroffen. Die wollte gerade mit ein paar Leuten feiern gehen. Aber irgendwie haben die sich verspätet. Naja, wir haben gequatscht. Sie war schon gut angetrunken und, ich sage mal, gesprächig. Irgendwann erzählte sie mir dann, dass sie und Daniel das jetzt mal mit einer offenen Beziehung ausprobieren wollen. Die einzigen Regeln: Sie erzählen es sich gegenseitig und haben maximal dreimal etwas mit der anderen Person. Und als ich dich dann da am Freitag gesehen habe, wie du mit Sonja am Flirten warst, dachte ich, entweder der geht fremd oder der will sowas jetzt auch. Und ganz ehrlich, auf so etwas habe ich keine Lust. Das läuft mit mir nicht.«

»Ach so! Das erklärt natürlich einiges!«

»Ja«, sagt Kerstin nun etwas kleinlaut, »wünschst du dir so etwas? Eine offene Beziehung?«

»Nein, das wäre mir viel zu anstrengend. Aber so ein bisschen Flirten, finde ich nicht so schlimm...«

»Ja, aber was heißt das – ein bisschen Flirten?«

»Du fragst Sachen. Ab und zu mal zuzwinkern oder ein Spruch ...«

»Umarmen?«

»Ich umarme doch alle Mädels.«

»Aber sie schon länger!«

»Ist mir nicht aufgefallen.«

»Ja, dir nicht ... Oder eben ganz viel Energie zu haben und am nächsten Tag dann bei mir nicht.«

»Die Energie habe ich ja nicht für Sonja, sondern weil die als Gruppe am Start sind. Außerdem: Ich mache weder mit ihr rum noch sonst etwas.«

Kerstin unterbricht ihn: »Es geht doch nicht nur darum, was du tust, sondern wie du es tust...«

»Hä?«

Was war nochmal Treue?

Ich merke schon, die beiden drohen wieder etwas abzudriften. Schade, einige Kommunikationsprobleme aus dem ersten Teil wirkten gut gelöst: offene Fragen, beim Thema bleiben, konkrete Situationen benennen. Alles ist dabei. Kerstin und Stefan stehen hier vor einem Problem, das viele Paare kennen. Beim Thema Treue denken wir häufig, dass alles klar und definiert ist. Denn Treue wünschen sich alle Paare voneinander, wenn man sie fragt. Es müssten sich also eigentlich alle einig sein. Das funktioniert aber eben nur so lange, bis erste Diskussionsanlässe entstehen. Bei Kerstin und Stefan ist eigentlich noch gar nicht viel passiert. Oder etwa doch? Stefan flirtet mit Sonja und fühlt sich dabei gebauchpinselt, ohne mehr zu wollen. Wer herausfinden will, ob das in einer Beziehung klar geht oder nicht, kann die Eckpunkte der Geschichte ja einfach mal in einem sozialen Netzwerk seiner Wahl posten und sich die Kommentare darunter durchlesen. Popcorn nicht vergessen… Treue ist zum Glück nicht unveränderlich definiert. Jedes Paar muss also erstmal klären, was es unter Treue versteht.

Kerstin deutet im ersten Teil des Gesprächs ihre Vorstellung an: In einer Paarbeziehung zu sein, heißt, das Ein und Alles für die andere Person zu sein. Und vor allem nur für diese eine Person. Dem würden viele Menschen wahrscheinlich nicht widersprechen. Auch Stefan tut das nicht. Er scheint für sich nur etwas anders auszulegen, welche Grenzen dieses Ideal hat. Ein bisschen schäkern oder flirten, das gehört für ihn dazu. Dennoch: Allgemein wird das

›Ein und Alles‹-sein gerne als wichtiges Merkmal der perfekten Partnerschaft dargestellt. Das vermittelt nicht nur jeder zweite Songtext, sondern auch die meisten Filme und so manches scheinbar tiefgründige Internetbildchen – die Kalendersprüche der Generation Social Media. Irgendwie hält sich dieser diffuse Glaube, dass das ein seit Ewigkeiten bestehendes Ideal ist, und dass nur wir postmodernen Menschen das irgendwie nicht auf die Kette kriegen.

Dabei war das Konzept Paarbeziehung sehr lange überhaupt nicht so gedacht. Was unsere romantischen Komödien und Songtexte heute wiedergeben, steckte früher in der Literatur. Und wenn literarische Liebesklassiker wie Goethes Werther etwas mit Til Schweiger gemeinsam haben, dann das: Diese Geschichten waren nie als Gebrauchsanleitung für die Wirklichkeit gedacht. Ob Gesellschaftstragödie oder Romantic Comedy: Beides ist in erster Linie dazu da, dem Alltag zu entfliehen, nicht ihn zu beschreiben.

Entsprechend kannten die Menschen früherer Zeiten dieses bürgerliche Liebesideal eigentlich nicht. So etwas wie die Liebesheirat ist ja ein vergleichsweise junges Phänomen. Erst nach und nach hat sich dieses Ideal aus der Fiktion auch in der Realität durchgesetzt. Das Konzept, dass der Partner oder die Partnerin in fast allen Lebensbereichen einen Exklusiv-Status erhält, ist nur 200 Jahre alt. Mit Blick auf mehrere tausend Jahre Menschheitsgeschichte kann man da nicht gerade sagen: Das war schon immer so.

Kerstin und Stefan würden sich mit Sicherheit als selbstständig denkende und fortschrittliche Menschen bezeichnen. Wer sie fragt, woher die beiden ihr Treueideal für ihre Beziehung nehmen, bekommt sicher viele gute Antworten. Aber romantische Komödien oder Daily-Soaps würden sie wohl kaum nennen. Wenn sie ehrlich wären, diskutieren sie aber gerade schon den halben Abend über ein Ideal, das ursprünglich genau daher stammt. Die Welt ist deutlich bunter: Während bei einigen Paaren bereits das Anschauen oder das Tanzen mit jemand anderem als Treuebruch gewertet wird, können sich andere Paare sogar eine offene Beziehung vorstellen. Da könnte Kerstin jetzt im Brustton der Überzeugung sagen: »Das hat doch nichts mehr mit Treue zu tun!« Doch Jasmin und Daniel können problemlos behaupten, dass ihnen Treue genauso wichtig ist wie Kerstin. Die beiden definieren Treue für sich einfach anders.

Deshalb ist das, was da bei Stefan und Kerstin im Laufe des Abends passiert, eigentlich etwas sehr Gutes: Die beiden fangen an, sich auszutauschen und zu klären, was für sie alles zur Treue gehört. Was kommt exklusiv nur in ihrer Beziehung vor? Was wird auch mit anderen geteilt? Wie gehen die beiden mit dem Ungleichgewicht um, dass Kerstin offenbar kein ähnliches Interesse an anderen hat wie Stefan? Kann Kerstin akzeptieren, dass Stefan da mehr macht als sie? Muss Stefan sein Verhalten gänzlich ändern? Gibt es etwas dazwischen? Das sind alles keine leichten Entscheidungen, die die beiden da fällen müssen. Aber entscheidend ist manchmal, dass man sich entscheidet.

Ich hoffe, dass die beiden mutig genug sind, sich nicht nur nach irgendwelchen vermeintlich ewig geltenden Regeln zu richten, die in Filmen als selbstverständlich verkauft werden. Wer lange glücklich miteinander sein will, braucht eigene Ideale. Dazu muss niemand das Rad neu erfinden und natürlich kann jeder Song mit einer schönen Botschaft eine geniale Inspiration sein. Vielleicht landen die beiden am Ende trotzdem dort, wo auch jede romantische Komödie endet. Nur müssen sich Kerstin und Stefan im Klaren darüber sein: Filme, Songs und vage Vorstellungen sind keine Gebrauchsanweisungen!

WAS DEN BEIDEN BEIM REDEN GEHOLFEN HAT

- Echte Fragen stellen, die Interesse signalisieren und keine Vorwürfe oder Unterstellungen enthalten.
- Bei einem Aspekt des Themas bleiben, statt alles zu erzählen, was einem sonst noch dazu einfällt.
- Konkrete Situationen und konkretes Verhalten benennen, statt allgemein – von immer oder nie – zu sprechen.

Ich bin gemeint

Lass mich spüren,
dass du mir nahe bist.
Nicht, weil du neben mir stehst,
sondern weil ich deine Nähe fühlen kann,
wo auch immer du gerade bist.

Lass mich spüren,
dass du mich trägst.
Nicht, weil ich Gurt und Rucksack sehe,
sondern die Leichtigkeit fühle,
die du mir gibst.

Lass mich spüren,
dass ich der Eine bin.
Nicht, weil du alle anderen übersiehst,
sondern weil ich das Besondere deines Blickes fühle,
wenn du ihn auf mich richtest.

Lass mich spüren,
dass wir zärtlich miteinander sind.
Nicht, weil ich jede Umarmung zähle,
sondern in der Art der Berührung fühle,
dass ich gemeint bin.

Alltag

Wie die Feedback-Methode hilft, aus Endlosschleifen auszubrechen

Ist der Alltag Freund oder Feind jeder Beziehung? Robert und Claudia versuchen zu klären, was glücklicher macht: immer gleich oder immer anders?

An diesem sonnigen Sonntagnachmittag sitzt Claudia lesend auf dem Balkon, während Robert in der Küche die Spülmaschine ausräumt. Dank der Erdgeschosswohnung kann Claudia das auf einer großzügigen Terrasse tun, die direkt an die Küche grenzt. Dort sitzt sie bereits seit einigen Stunden und wechselt immer wieder zwischen ihrem E-Book-Reader und dem sonntäglichen Sekundenschlaf. Robert wird langsam etwas unruhig. Spülmaschine ausräumen, Küche aufräumen und die Betten neu beziehen schön und gut, jetzt will er den Tag noch für etwas Schönes nutzen. Nachdem er die letzte Tupperdose erfolgreich im soliden Hängeschrank untergebracht hat, stapft er in seinen Hausschuhen auf die Terrasse. »Willst du da jetzt den ganzen Sonntag so weiterdösen?«, entfährt es ihm irgendwo zwischen genervt und enttäuscht.

»Klar, warum nicht?«, kommt es von Claudia trocken zurück.

»Das ist nicht dein Ernst!«

»Wieso sollte er das nicht sein?«

»Es ist Sonntagnachmittag, ich habe jetzt die ganze Zeit drinnen verbracht. Küche aufräumen, Spülmaschine ausräumen…«

»… und die Betten neu beziehen. Ich weiß. Habe ich gesehen und noch deutlicher gehört.« Robert ist kurz irritiert, dann fällt ihm auf, dass er das tatsächlich wohl schon häufiger so formuliert hat – verdammte Routine.

»Ja und jetzt sitzt du hier. Es ist sonnig, und das, obwohl wir schon Ende Oktober haben. Und du sitzt hier so rum und wir nutzen das gar nicht. Das ist doch Quatsch.«

»Wieso ist das Quatsch?«

»Na, das ist doch die totale Verschwendung!«

»Von Sonnenstrahlen? Die habe ich nicht extra angestellt.«

»Oh, die Frau Gemahlin hat heute wieder mit Peter Lustig geduscht.«

»Und der Herr Gemahl hat seinen Humor sicher im Küchenschrank verstaut?«

Das ist Robert jetzt wirklich zu blöd: »Muss ich mich jetzt auch noch von dir veräppeln lassen? Du sitzt hier faul in der Sonne rum, lässt mich die ganze Arbeit machen. Jedes Wochenende das Gleiche. Und dann kriege ich auch noch blöde Sprüche ab.« Jetzt ist Claudia etwas verwirrt. Eigentlich können die beiden es ganz gut haben, sich gegenseitig den ein oder anderen Spruch zu drücken. Nach rund zwanzig Jahren Beziehung sind sie sich normalerweise einig, dass die Samthandschuhe nicht mehr nötig sind. Sie sehen das eher pragmatisch. Deshalb ist Claudia gerade ziemlich irritiert: Warum reagiert der plötzlich so sensibel?

Ein letzter Versuch mit Humor: »Na komm, jetzt spiel hier mal nicht die beleidigte Teewurst. Nur weil du jetzt auch mal was im Haushalt gemacht hast, darf ich hier jetzt nicht in Ruhe lesen? Was möchtest du denn?«

»Natürlich kannst du hier in Ruhe lesen, aber wenn du hier schon so rumhängst, dann will ich mir nicht auch so etwas anhören. Und das, obwohl das Wetter so schön ist.«

»Und du hast die Spülmaschine ausgeräumt, die Küche aufgeräumt und die Betten neu bezogen, nicht wahr?« Vernichtend. Das passendste Wort für Roberts Blick lautet eindeutig: vernichtend. Und dann sagt er erstmal: nichts.

Eine Petition für mehr Lob und mehr Wünsche

Ich merke schon, die beiden drehen sich da gerade ein kleines bisschen im Kreis. Von außen ist das häufig sehr leicht zu beobachten. Wer selbst in der Situation steckt, dem fällt das in der Regel erst deutlich später auf. Aber warum geht es hier überhaupt nicht weiter?

Da gibt es zwei Hauptgründe. Der erste ist, dass Robert schlicht und einfach nicht sagt, was er überhaupt will. Im Gegenteil. Er eiert während des gesamten Gesprächs drum herum: »Ich würde gerne einen Spaziergang machen, solange es noch hell ist!« Oder: »Ich möchte mit dir in die Stadt fahren!« Solche Sätze fallen nicht. Wäre auch zu einfach, dann wüsste Claudia ja, was er will, und die beiden könnten wertschätzend und konstruktiv weitersprechen. Das ist eine Sache, die bemerkenswerterweise vielen Menschen schwerfällt – einfach mal im Alltag drauf achten! Was ihm und vielen anderen leicht fällt, ist zu sagen, was er nicht will: Sprüche hören zum Beispiel oder dass Claudia faul in der Sonne sitzt.

Kleiner Tipp, Robert: Ich glaube, das hat sie mittlerweile verstanden. Es bleibt die Frage: Was will er denn gerade? Claudia kann natürlich vermuten, dass er draußen etwas unternehmen will. Aber was denn? Und alleine oder mit ihr zusammen? Soll sie rausgehen, damit er in Ruhe im Haus arbeiten kann? Sollen die beiden die Sonne nutzen, um etwas im Garten zu arbeiten? Um die Sache mit dem Gedankenlesen ging es ja vorhin schon bei Kerstin und Stefan: Das klappt nicht. Aber irgendwie scheint er es zu erwarten.

»Das ist doch klar, was ich damit meine!« Das denken viele in solchen Situationen. Aber so eindeutig ist es eben nicht.

Dass sich Robert bei der Formulierung eigener Wünsche schwertut, ist kein Zufall: Wünsche zu formulieren, haben die wenigsten gelernt. In unserer Gesellschaft gilt es nach wie vor als unhöflich, einfach und direkt zu sagen, was man will. Deshalb lernen wir das in der Regel nicht. Sich beklagen und inständig hoffen, dass der andere schon merken wird, was ich gerade brauche – das ist eine schlechte Lösung. Machen viele so, ist aber für einen gesunden Umgang nicht hilfreich. Jeder kennt irgendjemanden im Freundes- oder Kollegenkreis, der das besonders gut kann. Gerne wundern sich Menschen dann auch, warum das Gegenüber die eigenen Anspielungen nicht versteht und einfach umsetzt. Bitte einmal kurz reinversetzen und einordnen: Wie viel Freude hat mein Gegenüber an einer solchen Kommunikation auf einer Skala von 0 – Wurzelbehandlung ohne Narkose – bis 10 – die beste Schokolade der Welt?

Wie kann es also besser gehen? Soll Robert einfach sagen »Du sitzt da nur rum. Ich will, dass wir jetzt rausgehen und spazieren«? Darauf wird Claudia wohl nur minimal besser reagieren. Immerhin wüsste sie dann schon mal, was er will. Aber es gibt eine Formulierungstechnik, die besser ankommt: Wahrnehmung, Wirkung, Wunsch. Diese Feedback-Regel hilft einem auch im Alltag. Wenn Robert sie befolgt, könnte das zum Beispiel so gehen: »Ich sehe, dass du seit langer Zeit auf dem Stuhl sitzt. Das finde ich schade bei dem schönen Wetter. Ich fände es schön, wenn wir beide ein bisschen spazieren gehen.« Er würde so zuerst konkret (siehe erstes Kapitel) seine Wahrnehmung schildern und welche Wirkung die auf ihn hat. Dadurch würde sein Verhalten nachvollziehbarer für Claudia und er täte nicht so, als wäre seine Wahrnehmung eine objektive Wahrheit, wie bei solchen Sätzen: »Das ist doch die totale Verschwendung!«

Profis beschreiben bei der Wirkung sogar ein Gefühl und erklären das. Zum Beispiel: »Da bin ich enttäuscht, weil ich bei Sonne einfach gerne draußen aktiv bin – vor allem wenn ich den Vormittag drinnen war.« Das würde es Claudia viel leichter machen, auf seinen Wunsch einzugehen. Es ist eben nicht so, dass man das so macht, sobald das Wetter gut ist. Robert möchte das so machen, also kann er es auch so formulieren.

Allerdings trägt auch Claudia gut dazu bei, dass sich das Gespräch im Kreis dreht. Sie hat offensichtlich mitbekommen, dass Robert in der Zeit, in der sie gelesen und gedöst hat, den Haushalt gemacht hat. Und da gilt für Erwachsene das gleiche wie für Kinder: loben lohnt.

Das Gleiche braucht natürlich keinen Duktus à la »Das hast du aber fein gemacht«. Aber ein einfaches »Danke, dass du das übernommen hast«, das würde schon helfen. Auch Claudia ist mit ihrer Lob-Sparsamkeit nicht allein in der Gesellschaft. Das höchste Lob vieler Deutscher lautet nicht ohne Grund: »Da kann man nicht meckern!« Und man muss sich wirklich mal auf der Zunge zergehen lassen, dass dies bei uns schon als Lob durchgeht, obwohl fast schon eine Enttäuschung mitschwingt: »Dabei hätte ich so gerne gemeckert.«

Claudia hat sich nicht beschwert, dass Robert irgendetwas vergessen oder falsch gemacht hat, das muss als Lob reichen: »Nicht geschimpft, ist gelobt genug.« Das ist nicht nur eine uralte Denkweise, sondern auch eine ziemlich schädliche: Wir wollen mit dem, was wir tun, gesehen und wahrgenommen werden. Vor allem von denen, die uns nahestehen. Entgegen häufiger Selbstbehauptungen gilt das übrigens für alle Menschen. Auch wenn ich das folgende Zitat dazu aus dem Kontext reißen muss, gilt es auch fürs Loben: »Zeig mir einen, dem das egal ist, und ich zeig euch einen Lügner.« (Kettcar: Money left to burn)

Robert betont mehrfach, dass er etwas getan hat, während Claudia entspannt in der Sonne lag. Offenbar möchte er irgendeine Reaktion von Claudia erzwingen. Die kann – das haben wir gesehen – natürlich nicht Gedankenlesen. Der Grundsatz »Loben lohnt« gilt trotzdem. Sie hat schließlich gesehen, dass er etwas getan hat, was ein Lob rechtfertigen würde.

Der Hinweis klingt vielleicht erstmal sehr banal: Natürlich freuen sich Menschen über Lob. Wo soll da die große Erkenntnis sein? Das mag sein, aber gerade in der Alltagskommunikation vergessen wir häufig, das auch umzusetzen. Und eines ist klar: Ein Lob funktioniert wie ein Bumerang.

Am Ende kann man es deutlich spüren: Je häufiger Robert über die Hausarbeit spricht, desto stärker flüchtet sich Claudia in Ironie. Sie findet es nervig, so um Anerkennung angebettelt zu werden. Schließlich kümmert sie sich während der Woche immer um den Haushalt. Auf den ersten Blick könnte man ihr recht geben: wenn sie sich während der Woche um alles kümmert, wieso sollte Robert dann ein Lob dafür bekommen, wenn er sich ausnahmsweise mal engagiert? Das Gegenteil ist der Fall: Gerade dann ist es wichtig, Robert zurückzumelden, dass es für Claudia einen positiven Unterschied macht. Auch wenn sie dafür einmal über den eigenen Schatten springen muss. Denn Lob wirkt: mein Gegenüber weiß dann direkt, was mir gefällt und zeigt es dann mehr.

Alltagstrott oder Stresstrott?

Für einen Spaziergang hat es nicht mehr gereicht, aber Claudia und Robert sitzen jetzt gemeinsam auf dem Balkon und quatschen. Immerhin nehmen sie so die Sonnenstrahlen mit und miteinander reden ist kommunikativer, als ein Buch zu lesen. Klingt für mich nach einem fairen Kompromiss. Nachdem es nun schon um die lieben Verwandten ging und auch die Nachrichten-Themen durch sind, beginnen die beiden etwas mehr über sich selbst zu sprechen.

»Ich find' das total klasse, dass du dich da drauf eingelassen hast, dass wir hier auch einfach nur in der Sonne sitzen können. Hat doch auch was oder?«, setzt Claudia ein und beendet die Frage mit einem Augenzwinkern.

»Klar«, gibt Robert etwas einsilbig zu. Es entsteht eine kurze Pause.

»Oha, die Quasselstrippe legt los. Aber mal im Ernst, wegen vorhin: Du wolltest vor allem gerne selbst noch aktiv werden heute. Ist das so?«

Robert überlegt kurz: »Schon.« So unvermittelt dran erinnert, muss er sich gerade innerlich noch ein bisschen versöhnen mit der Situation vorhin und irgendwie auch mit Claudia. Die wiederum merkt das, und fragt nochmal offener nach:

»Warum war dir das denn so wichtig?«

Ich kann jetzt regelrecht sehen, wie Robert sich einen Ruck gibt und dann sprudelt es aus ihm heraus: »Weißt du, ich habe in letzter Zeit den Eindruck, dass wir im immer gleichen Alltag versumpfen. Wenn wir von der Arbeit wiederkommen, kocht einer, wir hängen vorm Fernseher, gucken Tagesschau und eine Serie oder Fußball, gehen schlafen und fertig. Du gehst dienstags walken, ich mittwochs zum Sport, einmal im Monat Kartenspielen. Am Wochenende dann ausschlafen und etwas in der Wohnung machen. Ich meine, ich finde das grundsätzlich ja auch gut, also das mit den Terminen und dass wir da einen Alltag haben, auf den wir uns auch verlassen können. Aber manchmal, wenn ich am Wochenende Zeit habe und nachdenke, dann bekomme ich so ein beklemmendes Gefühl. Und dann denke ich: Sind wir zu sehr in unserer Routine gefangen? Wir waren doch früher mal abenteuerlustig. Und jetzt ist es schon revolutionär, wenn wir donnerstagabends mal nicht das essen, was wir am Montag dafür eingeplant haben. Dann frage ich mich manchmal: Ist das alles? Ich meine, ich bin jetzt nicht drauf und dran mir ein Motorrad zu kaufen, was mit meiner Sekretärin anzufangen oder mich sonst wie in eine Midlife-Crisis zu stürzen.«

Claudia bleibt ironisch, aber liebevoll: »Da bin ich aber froh!«

Robert fährt fort: »Ich würde mir einfach wünschen, dass wir wieder etwas mehr unternehmen. Wenn dann so eine Gelegenheit wie heute Nachmittag kommt, wäre es einfach schön, wenn die Initiative auch von dir kommen würde. Verstehst du das?«

»Verstehen kann ich das schon. Aber das klingt ja ganz schön trostlos, so wie du alles darstellst.«

»Deshalb habe ich mich auch geziert, etwas zu sagen. So trostlos, wie das jetzt wahrscheinlich geklungen hat, meine ich das gar nicht. Das fühlt sich nur manchmal so an.«

»Ok.«

»Jetzt bist du gerade etwas einsilbig, oder?«, Robert pikst sie in die Seite und Claudia antwortet mit einer rausgestreckten Zunge. Die Reflexe funktionieren also noch.

»Naja, diese Verschwendung, wie du sie vorhin genannt hast, ist für mich ein total wichtiger Ausbruch aus dem Alltag. Sonne, Nicholas-Sparks-Buch und Ruhe. Das ist direkt so ein Oase-Gefühl. Da komme ich während der Woche gar nicht zu. Es gibt ja nicht nur die fixen Termine, die du gerade genannt hast. Steuern, Einkaufen, Auto in die Werkstatt, so etwas steht ja auch immer wieder an. Und da ist das am Sonntag schon genial. Ich habe überhaupt nichts dagegen, wenn wir wieder häufiger ausgehen. Das andere brauche ich eben auch. Sonst komme ich vom Alltagstrott nur in einen Stresstrott. Und bei deinen Kommentaren vorhin habe ich mich so abgewertet gefühlt, nur weil ich anders aus dem Alltag ausbreche als du. Deshalb wünsche ich mir schon, dass du da erstmal ohne gereizten Ton nachfragst.«

Es macht fast hörbar »Klick« in Roberts Kopf: »Tut mir leid. Für mich sah das vorhin wirklich so aus, als würdest du dich hängen lassen. Aber klar, einen Stresstrott brauche ich natürlich auch nicht.«

»Hm, und wie machen wir das jetzt?«
»Gute Frage.«

Alles Gute zum Alltag

Eine gute Frage, in der Tat. Aber zuerst muss ich mich mal an meine eigenen Regeln halten: ein großes Lob an die beiden. Claudia steigt mit einem Lob ein und lässt sich auch davon nicht beirren, dass Robert erstmal etwas einsilbig reagiert. Ist gar nicht mal so leicht, am Ball zu bleiben – Respekt! Und Robert formuliert ganz konkret, was er möchte. Sogar mit Wahrnehmung: »Ich habe in letzter Zeit den Eindruck…«; Wirkung: »So ein beklemmendes Gefühl«; und Wunsch: »Ich würde mir einfach wünschen«. Auch das ist nicht ganz einfach, wenn man doch eigentlich noch gekränkt ist. Sehr stark.

Doch die Frage bleibt natürlich: Wie machen die beiden das mit ihrem Alltag jetzt? Dieser Frage müssen sich viele Paare früher oder später stellen. Einige nach einem Jahr Beziehung, andere erst nach 40 Ehejahren. Einige stellen sich die Frage auch nie. Aber ob das gut ist?

Eine Kollegin hat mir kürzlich gesagt: Die ganzen Liebesfilme hören eigentlich alle an der falschen Stelle auf. Einen ähnlichen Kommentar hat Stefan ja schon im ersten Kapitel über den Hauptdarsteller im Film abgegeben: Til Schweiger musste es nur die zwei Minuten bis zum Abspann aushalten. Da steckt sehr viel Wahrheit drin: Während man als Paar gemeinsam gegen widere Umstände ankämpft, emotionale Achterbahnen durchläuft oder sich überhaupt erstmal finden muss, sind Alltag und Routine keine wirklichen Probleme. In solchen Situationen ist nicht immer alles schön, aber eben alles schön aufregend. Deshalb wird diese Phase in Filmen, Büchern und Songs auch viel häufiger beschrieben. Ich weiß zudem nicht, ob Konzepte wie »Twilight 8 – Bella und Edward sind in ihrem Reihenhaus ganz gut zufrieden« oder »Romeo und Julia – Jeden Mittwoch beim Skat« oder »Helene Fischer – Atemlos durch den Berufsverkehr« den gleichen Erfolg gehabt hätten wie die Originale. Näher an der Realität wären sie aber zweifelsohne. Denn eine Beziehung besteht nach einer gewissen Zeit eben zum Großteil aus Alltag.

Wie so häufig, geht es auch hier um die Balance. Denn eine Beziehung, die permanent in Action ist und keine Art von Konstanz oder Wiederholung zulässt, ist zum Scheitern verurteilt. Weil sie damit eben nicht alltagsfähig ist und so viel körperliche und emotionale Energie von beiden bindet, dass alles leiden wird, was außerhalb der Beziehung stattfindet. Auf der anderen Seite verliert eine Beziehung, die ausschließlich aus Alltag und Wiederkehrendem besteht, langfristig ihre emotionale Basis. Die Motivation, eine Beziehung einzugehen oder zu beginnen, ist in der Regel nicht rational. Es geht um Emotionen. Eine Beziehung eingehen, ist kein Alltag, sondern eine Ausnahme und ein Ausbruch davon. Wer die Basis im Alltag nicht pflegt, lässt den emotionalen Putz bröckeln. Man kann sich natürlich Abhängigkeiten schaffen – Hauskauf, Kinder, kein eigener Freundeskreis – und dann bleibt man trotzdem zusammen. Das ist aber irgendwie nicht mehr so angesagt.

Man merkt, dass Robert und Claudia schon länger zusammen sind, denn sie stellen immerhin nicht direkt ihre Beziehung infrage, nur weil es etwas alltäglicher wird. Bei jüngeren Paaren, die das erste Mal die Veralltaglichung ihrer Beziehung erleben, können Gedanken, wie Robert sie formuliert, auch mal schnell zu einem Ende der Beziehung führen. Frei nach dem Motto: Wenn es sich alltäglich anfühlt, ist der Partner nicht der richtige.

Auch daran wird deutlich: Die Sache mit dem Alltag hat ganz viel damit zu tun, welche Einstellung Paare zu ihm entwickeln. Mit welcher Haltung und mit welchem Blick schauen sie auf das, was immer gleich ist? Claudia beschreibt, welchen Reiz etwas Immergleiches haben kann. Sie liest jeden Sonntag in ihrem Buch, das ist also alltäglich, besser gesagt: allwöchentlich. Wenn sie davon redet, klingt das aber überhaupt nicht nach Langeweile oder Stumpfsinn. Sie benutzt sogar den Begriff Oase! Das regelmäßige Kartenspielen, das sie mit Robert und einigen Freunden veranstaltet, würde Robert genauso wenig missen wollen. Alltag und das Immergleiche können also auch schön sein.

Der Alltag ist ja erst einmal, wie er ist. Ich kann vor allem den Hausputz darin sehen, das Tatortgucken und stumpfsinnige Routinen, mich daran abarbeiten und viel Energie zurücklassen. Ich kann aber auch die saubere Wohnung sehen, die gemeinsame Zeit auf der Couch und dass ich das Rad nicht jeden Tag neu erfinden muss, weil ich mich auf Dinge verlassen kann. Mit dieser Haltung kann ich dann auch entspannter und vor allem druckfreier auf die Dinge schauen und spare mir eine Menge Energie. Die kann dann voll in den gelegentlichen Ausbruch aus dem Alltag fließen, in die kleinen und großen Abenteuer.

Die Ironie an der Sache ist Folgendes: Wer sich in seinen Gedanken dauernd am immer gleichen Alltag abarbeitet, schafft es viel seltener, ihn zu durchbrechen, als jemand, der ihn positiv annimmt und die Entspannung und die Ressourcen fokussiert, die eben auch in ihm stecken. Mit der gewonnenen Energie fällt nämlich auch der Spontantrip ans Meer oder das ungeplante Versacken in der Kneipe viel leichter. Das hat nichts damit zu tun, sich selbst etwas schönzureden oder eine rosarote Brille aufzusetzen. Es ist einfach ein hilfreicher Blick auf den Alltag.

Dieser Perspektivwechsel allein nützt aber nichts, denn die Gelegenheiten, aus dem Alltag auszubrechen, müssen trotzdem schon aktiv ergriffen werden. Wenn Rituale über einen längeren Zeitraum nur als Selbstzweck vollzogen werden, verlieren sie ihren Reiz und ihren Sinn. Dann verhindern sie wirklich Ausbrüche aus dem Alltäglichen, die ja unerlässlich sind.

Wie ist das zum Beispiel mit Claudias Sonntagsritual, ein Buch zu lesen? Das werden die beiden immer wieder von neuem klären müssen: Ist das nach wie vor eine wichtige Oase oder verhindert das Schöneres und Aktiveres?

Das Immergleiche im Alltag muss man gemeinsam immer wieder neu entwickeln. Es bleibt eine Frage der Balance.

WAS DEN BEIDEN BEIM REDEN GEHOLFEN HAT

- Mit der Formulierungshilfe »Wahrnehmung, Wirkung, Wunsch« sagen, was man will. In Anklagen und vagen Andeutungen verliert sich jeder Gesprächsfaden.
- Kein Lob sollte unausgesprochen bleiben. Man kann nicht davon ausgehen, dass das Gegenüber merken wird, dass etwas gut war, nur weil man schweigt.

UNSERE BESONDERHEITEN

Alle Paare pflegen bewusst oder unbewusst Rituale im Alltag. Manchmal hilft es, sich klar zu machen, welche Besonderheiten damit in den Alltag einziehen. Sammelt doch mal hier wie in einer Pillendose, welche Rituale euren Alltag besonders machen.

Glücksideen für Paare

Ich habe zusammen mit vielen Paaren nach inspirierenden Glücksideen für den Alltag gesucht, nach etwas, das einer Beziehung einen neuen Kick gibt. Eines haben all diese Rituale gemeinsam: Sie feiern das du und ich!

Gemeinsam unterwegs

Jeden Freitag gehen wir nach der Arbeit spazieren. Immer um 17 Uhr, bei jedem Wetter, immer denselben Weg – unseren.

Samstagmorgen

Am frühen Morgen bummeln wir über den Wochenmarkt. Im Café teilen wir uns dann ein Croissant. Nicht aus Sparsamkeit, sondern weil zwei Hälften ein Ganzes ergeben. So wie bei uns.

Sonntagsfrage

Nach dem Aufwachen darf einer von uns die Sonntagsfrage stellen: Vegan leben? Organspende-Ausweis? Abenteuer im Bett? Fragen darf man alles, nur Tabus sind tabu.

Zweiklang

Am Mittwochabend sucht der eine den Wein und die Musik raus, der andere bestimmt, was wir diese Woche unternehmen. Die neue Platte läuft, und der Plan steht fest – ein Wochenende in Berlin.

Feierabend

Den Feierabend nehmen wir wörtlich. Unsere Freunde rufen freitags schon gar nicht mehr an. Da tanzen nur wir beide auf unserer Party. Und aufgeräumt wird erst am Morgen!

Schatztruhe

Die Schmankerl-Dose ist uns heilig. Wer einen heimlichen Wunsch hat, legt einen Zettel rein: Wieder mal in den Jazz-Keller gehen, Pistazien-Eis, der Schal aus der Boutique, mit dem Fahrrad nach Peking fahren, ein zweites Kind. Wünschen darf man sich alles. Was davon in Erfüllung geht – das ist ein Geschenk des anderen.

Glücksbudget

Klo putzen, Fahrrad reparieren, die Kinder abholen... Auf unserem Regal steht zwischen Zimt und Rosmarin eine Smarties-Rolle. Wer dem anderen Danke sagen will, wirft einen Euro rein. Alle paar Wochen sitzen wir dann bei unserem Lieblingsitaliener und hauen das Geld auf den Kopf. Wir belohnen uns eben doppelt.

Dankesfunken

Nicht vergessen – dankbar sein. An jedem Hochzeitstag zünden wir in unserer Kirche eine Kerze an. Und dann gehen wir schick essen.

Lieblingsmacken

Die Brille ist verschwunden, Wäschetürmchen häufen sich, die Butter steht nicht im Kühlschrank. Wir ärgern uns längst nicht mehr über die schlechten Angewohnheiten des anderen. Lieber kleben wir einen Zettel auf die Jeans in der Ecke oder auf die Butterdose. Und da steht nur ein Wort drauf: Lieblingsmacke!

Auszeit

Bevor Tassen und Teller durch das Wohnzimmer fliegen, ziehen wir die Notbremse – „Time out!" Wir treffen uns dann erst wieder zum Abendessen. Seit wir faire Regeln fürs Streiten haben, nehmen wir vieles sportlicher.

Regenzeit

An der Schlafzimmertür hängt ein Wut-Barometer mit zwei Zeigern. Jeder von uns hat seinen eigenen. Spätestens wenn einer auf Gewitter steht, heißt das: Heute beginnt die Redenzeit.

Krimskrams

Das ganze Jahr über sammeln wir Fotos, Eintrittskarten und lauter schönen Krimskrams in einer Kiste, die unterm Bett steht. Erst am Silvestermorgen holen wir sie hervor und gestalten ein Album. Unsere Art, das Jahr zu verabschieden.

Liebesbrief

Zum Namenstag gibt's immer einen Liebesbrief! Dann hat der andere es schwarz auf weiß: Was bedeutest Du mir? Und warum sind wir ein tolles Team?

Weltenbummler

Unvergesslich – unser Ehe-Logbuch. Am Hochzeitstag nimmt sich jeder von uns Zeit, die Highlights und Tiefpunkte des Jahres aufzuschreiben. Wie die Kapitäne eines Schiffs. Wann haben wir so richtig Fahrt aufgenommen? Sind wir abgedriftet? Wo lagen wir am liebsten vor Anker?

Finale

So bleiben wir fit und besiegen unsere Bequemlichkeit: Nach dem Joggen belohnen wir uns mit einer gemeinsamen Dusche. Ausgang offen.

On Tour

Ein Wochenende im Jahr reservieren wir nur für uns. Die Kinder übernachten bei Oma und Opa, und wir reisen in eine fremde Stadt. Unsere gemeinsame Landkarte wächst von Jahr zu Jahr: München, Liverpool, Paris, Krakau, Flensburg…

Familie und Karriere

Wie Ich-Botschaften das Leben einfacher machen

Wie man es auch dreht und wendet, der Tag hat nur 24 Stunden und Menschen können nicht unendlich viele Dinge parallel jonglieren. Wie sieht sie also aus die ideale Work-Life-Family-Balance? Julia und Christian versuchen, das gerade herauszufinden.

Früh am Morgen schaue ich mal bei den beiden im zweiten Stock links rein. Sie bereiten gerade alles für den Tag vor. Christian steht an der Siebträger-Maschine und bereitet für beide Cappuccino zu – selbstverständlich sind die Bohnen Bio und Fairtrade. Sein Kaffee landet in der schicken Retro-Porzellantasse, der für Julia im nachhaltigen Thermobecher. Denn die muss gleich los in die Klinik zur Frühschicht. Christian hat noch etwas Zeit, bis er in die Agentur geht. Deshalb wird er nachher Emma (4, hämmert gerade mit einem Holzspielzeug gegen das linke Tischbein) und Paul (2, läuft unbeschwert zwischen den Beinen von Julia und Christian hin und her) in die Kita bringen. Zumindest geht Julia fest davon aus. Christian ist noch müde, weil er gestern mal wieder relativ lange gearbeitet hat. Er versucht, das aber zu verdecken.

Christian gähnt in seinen Vollbart, als er ihr den Becher reicht: »Hey, einmal der Cappuccino für die Beste.«

»Danke dir. Bringst du auf dem Weg zur Kita noch Couscous mit? Ich werde heute wieder länger machen müssen. Unterbesetzung, yay! Da schaffe ich das auf dem Rückweg nicht mehr.«

Christian ist plötzlich ein Stück wacher: »Wieso Weg zur Kita? Du bringst die beiden doch heute weg!«

Julia versucht, möglichst gelassen zu wirken, als sie antwortet. Sie muss aber wirklich gleich los: »Nein, das hatten wir am Wochenende anders besprochen«, kommt es dann doch etwas gereizt aus ihr raus. »Da meintest du doch, dass du mir diese Woche die Kinder im Wesentlichen abnimmst, weil ich diese Woche so viel arbeiten muss.«

»Und du denkst dann natürlich direkt wieder, dass ich

dann gleich alles mache? Sehr schön!« Trotz ruhiger Stimme ist die Ironie unüberhörbar.

Julia versucht zu beruhigen: »Entspann' dich. Das habe ich so nicht gemeint und auch nicht gesagt.«

»Naja, ich biete dir ein bisschen Unterstützung an und du langst, wie immer, direkt voll zu. Statt dass du vielleicht erstmal fragst, ob ich mich abends um die Kids kümmere, damit du dich ausruhen kannst, wenn du von der Arbeit kommst, soll ich direkt meinen halben Tag umschmeißen.«

Mit Julias Ruhe ist es jetzt irgendwie vorbei: »Jetzt mach mal halblang, du sollst hier nur eine Kleinigkeit übernehmen. Und zwar eine, die du auch noch angeboten hast. Kaum nehme ich so etwas mal an, springst du gleich wieder im Quadrat – war dein Angebot also doch nur so dahergesagt, typisch.«

»Ich springe nicht gleich im Quadrat. Aber was mich aufregt: Ich biete dir am Wochenende Unterstützung an und du gehst einfach mal davon aus, dass ich jetzt alles mache.«

»Das stimmt doch überhaupt nicht. Du verstehst mich hier doch absichtlich falsch.«

Die beiden sind trotz Zeitdruck so vertieft in ihre kleine Auseinandersetzung, dass sie gar nicht merken, wie Emma ihr Holzspielzeug gegen eine heruntergefallene Gabel getauscht hat und damit anfängt, die Widerstandsfähigkeit von Pauls Windel ausgiebig zu testen.

Von 0 auf Streit in 10 Sekunden

In wenigen Sätzen wird aus einer kurzen Absprache ein handfester Streit. Respekt an Julia und Christian. Wie kriegen die das so schnell hin? Naja, ein paar Ideen habe ich da schon.

Eine davon ist ein Klassiker und immer eine sichere Bank, damit Kommunikation schiefgeht: Du-Botschaften.

»Du denkst dann natürlich wieder, dass ich alles mache«, ist sich Christian sicher. Aber auch Julia haut gut rein: »Du springst gleich wieder im Quadrat.« Christian kontert mit: »Du gehst einfach mal davon aus.« Ganz wichtig dabei: Ein Satz wird nicht direkt zur Du-Botschaft, sobald das Wörtchen »Du« auftaucht. Wenn Julia zum Beispiel gesagt hätte: »Ich hatte es so verstanden, dass du die Kinder heute mitnimmst«, wäre das eine Ich-Botschaft gewesen.

Was macht also den Unterschied? Bei Ich-Botschaften spreche ich von meiner Wahrnehmung, von meinem Verhalten, meinen Interpretationen und meinen Gefühlen. Und die eigenen sich viel besser, um wertschätzend miteinander umzugehen, als Du-Botschaften. Denn nur da kann ich sicher sein, dass ich auch wirklich weiß, wovon ich rede, und ich meinem Gegenüber nicht einfach etwas unterstelle.

Du-Botschaften werden außerdem in Streitsituationen schnell als Angriff wahrgenommen. Wenn ich sage, »du hast doch so und so reagiert« oder »du meinst« oder »du glaubst wohl«, dann behaupte ich, ganz genau zu wissen, was der andere mit seinem Verhalten gemeint hat und welche Motivation oder welche Gefühle dahinter stecken.

Im Prinzip stelle ich mich hin und sage: »Ich weiß, wie du bist und was du meinst – und zwar besser als du.« Mein Gegenüber ist dann ganz schnell im Verteidigungsmodus und muss erstmal meine Behauptung widerlegen. Das ist anstrengend und lässt ihm kaum noch Energie, um das zu sagen, was ihm wichtig ist.

»Du denkst dann natürlich wieder, dass ich alles mache« – Ich stelle mir vor, dass Christian diesen Satz als Ich-Botschaft formuliert hätte. Zum Beispiel so: »Ich habe gerade den Eindruck, du gehst davon aus, dass ich die Kinder komplett übernehme und du dich um nichts kümmern musst. Das löst bei mir Widerstand aus.« Der Satz formuliert inhaltlich dieselbe Kritik, sogar noch deutlicher, und wäre trotzdem anschlussfähiger für Julia. Das ist auch kein Schönreden oder weichgespültes Blabla. Ganz im Gegenteil, es nennt die Dinge ganz realistisch beim Namen: Christian kann nun einmal bestenfalls vermuten, wovon Julia ausgeht – nicht mehr, nicht weniger. Schon ist das Ganze kein Vorwurf mehr, sondern einfach eine geschilderte Wahrnehmung. Auf die hätte Julia viel besser reagieren können. Sie hätte ihm dann viel lieber erklärt, dass sie gar nicht will, dass er »alles« macht. Eigentlich möchte sie nämlich nur, dass er die Kinder zur Kita bringt. Alles andere würde sie übernehmen. Durch die Art, wie Christian es formuliert hat, macht er es ihr aber fast unmöglich das zu erklären.

Ein zweites Problem lässt sich an derselben Aussage zeigen. Als Christian hört, dass Julia davon ausgeht, er bringe die Kinder zur Kita, passiert Folgendes: Er unterstellt Julia mindestens, dass sie egoistisch sei. Schließlich soll er ja alles erledigen. Dabei könnte er auch grundsätzlich davon ausgehen, dass Julia es gut mit ihm meint, und dass ihr Verhalten Sinn ergibt, auch wenn er noch nicht weiß, in welcher Form. Ich habe es eben ja schon angedeutet: Eigentlich wünscht sie sich nur, dass Christian die Kinder zur Kita bringt. Alles andere würde sie machen.

Denkt Christian also grundsätzlich schlecht von Julia und hält sie für einen egoistischen Menschen? Um Gottes willen, überhaupt nicht. Es geht wieder um punktuelle Wahrnehmung. Er empfindet es als Kleinigkeit, sich abends um die Kinder zu kümmern. Aber die Kinder zur Kita bringen, empfindet er als großen Aufwand, der seinen halben Tag umwerfen muss. Christians Wahrnehmung ist also die: Er bietet etwas mehr Unterstützung an und soll gleich alles machen.

Julias Wahrnehmung ist genau umgekehrt: Sich nach einem langen Arbeitstag allein um die Kinder zu kümmern, findet sie anstrengend. Das will sie Christian nicht aufzwingen. Die Kinder mal eben zur Kita zu bringen, empfindet sie als Kleinigkeit.

Der Streit eskaliert hier deshalb so schnell, weil auch Julia erstmal vom Schlechtesten in Christian ausgeht. Ihre Interpretation: Wenn er nicht mal zu dieser Kleinigkeit bereit ist, dann kann sie sich seine Unterstützung wohl insgesamt abschminken.

Im Stress zwischen Familienorganisation und Beruf ist es manchmal gar nicht möglich, die Haltung einzunehmen, dass das Gegenüber es positiv gemeint haben könnte. Denn dazu muss ich meine eigene Intuition und Logik verlassen und davon ausgehen, dass alles anders aussieht, als ich zunächst denke. Das ist anstrengend und geht nicht immer. Was Julia und Christian aber tun können: Davon ausgehen, dass der andere es gut meint und dass sein Verhalten einen positiven Sinn ergibt, auch wenn dieser nicht augenfällig ist. Im Zweifelsfall gilt: einfach mal nachfragen.

Abendliche Lebensorganisation

Christian hat die Kinder dann doch noch in die Kita gebracht. Von der Erzieherin hat er sich zwar einen Kommentar dafür gefangen, dass er die Matschhosen vergessen hat, und seine Chefin war auch nicht gerade begeistert, dass er das Tagesmeeting verpasst hat. Aber gut, sei es drum.

Gerade sitzen die beiden beim Abendessen. Die Kinder haben sie extra vorher versorgt und ins Bett gebracht. Den Couscous hat Julia dann doch noch selbst auf dem Rückweg mitgebracht. Wer Low Carb durchziehen will, muss eben Opfer bringen. Und wenn es nur der Umweg zum Biomarkt nach einer Doppelschicht ist. Christian hat sich auf der Arbeit beeilt und nur das vor Ort gemacht, was nötig war. Mit den Kindern zu Hause ging es dann – so gut wie eben möglich – im Homeoffice weiter.

Während des Essens geht es weiter, wie es am Morgen angefangen hat. Es gibt wieder viel zu organisieren und zu klären. »Und das ist wirklich okay für dich, wenn du das mit der Kita bis Freitag machst?«, versichert sich Julia vorsichtig.

»Jaja, das passt schon«, sagt Christian versöhnlich. »Wann wird's denn wieder entspannter bei euch?«

»Also, Petra ist noch bis Freitag krankgeschrieben und Cem kommt am Montag wieder aus dem Urlaub. Dann kann ich Emma und Paul auf jeden Fall wieder zur Kita bringen.«

»Top! Wann sind wir am Samstag eigentlich bei deinen Eltern eingeplant?«

Julia überlegt kurz: »Ich meine zum Mittagessen. Ich rufe meine Mama aber gleich nochmal an.«

»Okay, aber ich muss Freitagabend noch die Steuern zu Ende machen. Und den Elternabend dürfen wir nicht vergessen.«

Christian merkt schon: Die Zeichen stehen in Richtung Normalisierung. Er fühlt sich sicher genug, etwas anzusprechen, was in letzter Zeit ein schwieriges Thema war: »Svenja hat mich heute nochmal angesprochen.«

»Wegen der Teamleitung?«

»Ja. Sie hat jetzt mit Olaf gesprochen. Die gehen mit dem Gehalt nochmal rauf. Ich würde dann insgesamt 20 % mehr als jetzt verdienen. Aber dann ist eben nichts mehr mit Kinder nachmittags abholen. Also zumindest nicht jeden Tag.«

»Klar. Aber ich habe den Eindruck, du hättest da schon Bock drauf, oder?«

»Naja, geht so. Mir graut es davor, wie wir das dann mit den Kindern hinkriegen sollen. Wenn dann nochmal eine Phase kommt, in der bei dir Leute krank werden, haben wir da ratz-fatz ein echtes Problem.«

»Dann sehen wir uns wahrscheinlich fast nur noch, um Emma und Paul zu übergeben.«

Christian muss für seinen nächsten Satz wirklich alles an Mut zusammennehmen, was er in sich findet: »Naja, wir hatten ja schon mal überlegt, ob du bei der Arbeit vielleicht auf 50 % gehen kannst.«

»Ich weiß. Ich hatte da, als wir darüber geredet haben, das Gefühl, dass du das irgendwie erwartest.«

Christian schüttelt den Kopf: »Ach Quatsch, überhaupt nicht. Ich finde die Perspektive, die Kinder superselten zu sehen, auch nicht gerade prickelnd. Und ich schaffe es so schon superselten zum Yoga.«

»Aber das Geld könnten wir schon gut gebrauchen. Vor allem, wenn wir das mit dem Hauskauf durchziehen wollen. Ach ja: Rufst du dann eigentlich morgen den Makler zurück? Der wollte vor der Besichtigung nochmal was wissen...«

Work-Life-Family-Balance oder Work-Life-Family-Stress?

Gar nicht mal so leicht, was die beiden da austarieren wollen. Aber immerhin, sie können miteinander sprechen. Ich stelle mir gerade vor, Julia hätte vorhin bei dem Satz mit den 50 % nicht mit der Ich-Botschaft geantwortet, sondern eher im Stil von heute Morgen. Das hätte sich dann wahrscheinlich eher so angehört: »Klar, du gehst direkt davon aus, dass ich kürzertrete, sobald du das vorschlägst.« Sie hätte dann auch noch Christians Verhalten möglichst negativ interpretieren können: »Das schlägst du doch nur vor, weil du dich davor drücken willst, dich um die Kinder zu kümmern. Du denkst immer nur daran, wie du dich verwirklichen kannst.« So aber konnte Christian deutlich besser reagieren und dieser Verdacht kam zum Glück erst gar nicht auf.

Gelöst ist das Problem mit dem Jobangebot natürlich nicht damit. Vor ein paar Jahrzehnten wäre das in den meisten Familien noch leichter gewesen. Christian hätte selbstverständlich das Angebot angenommen. Mehr verdienen und sich damit das Eigenheim finanzieren, wäre das gewesen, was die Gesellschaft von ihm gefordert hätte. Und Julia hätte ihren Stellenumfang reduziert oder den Job eben ganz aufgegeben: Er verdient die Brötchen, sie schmiert sie.

Ist das also der Preis der Gleichberechtigung: dass beide gestresst sind? Das ist natürlich Blödsinn. Aber der Gedanke, dass es in diesem nebulösen »Früher« besser war, ist schnell zur Hand. Abgesehen davon, dass die Gleichberechtigung ein zentraler gesellschaftlicher Wert ist: Bei den Anforderungen, die das Leben im 21. Jahrhundert an uns stellt, wäre ein Leben nach klassischer Rollenverteilung überhaupt nicht mehr möglich. Jedenfalls schätzen die beiden ihr Leben in der schicken Wohnung und wollen ihren Kindern alle Annehmlichkeiten und Chancen bieten. Das wäre mit Christians Gehalt allein kaum möglich. Außerdem haben beide gemeinsame und eigene Freunde. Die wollen sie auch sehen, wenn die in andere Städte ziehen. Da ist die Flexibilität im Job schon wichtig, damit das klappt.

Warum also dieses Stressgefühl? Das Problem, das die beiden haben: Sie dürfen sich nicht nur entscheiden, sie müssen es sogar! Wenn Christian in ein paar Jahren merkt, dass er viel lieber mehr Zeit mit Emma und Paul verbracht hätte, als sie noch klein gewesen waren, dann kann er das nicht auf irgendwelche gesellschaftlichen Umstände schieben. Sein Vater könnte solche Zweifel immer mit einem lapidaren Spruch abtun: »So war das früher halt!« Wenn Julia zur gleichen Zeit merkt, dass sie sich eigentlich schon gerne in der Leitungsposition im Krankenhaus gesehen hätte, in die sie mit einer 50 %-Stelle dann nicht gekommen ist, kann sie nicht einfach sagen: »Das ging nicht anders. Ich musste mich ja um die Kinder kümmern.« Beide sind im Bewusstsein aufgewachsen, dass alles auch immer anders geht. Diese Entscheidungsfreiheit ist noch vergleichsweise jung. Es gibt keine klaren Konventionen mehr, auf die die beiden sich berufen könnten. Und dann kann Freiheit eben auch überfordern und beklemmend wirken.

Freundschaften erhalten, im Job vorankommen, die Familie pflegen, eigenen Interessen nachgehen, für die eigenen Kinder da sein. All diese Dinge haben eben keinen von der Gesellschaft festgelegten Platz mehr. Ihr Leben müssen die beiden selbst ausbalancieren. Und es kommt noch schlimmer, weil diese Dinge für sich auch nicht mehr so eindeutig definiert sind. Im Job vorankommen hieß für lange Zeit: in der Hierarchie aufsteigen, mehr Geld verdienen. Mittlerweile kann es auch heißen: an interessanteren Projekten beteiligt sein, nachhaltiger arbeiten, das nettere Team haben, mehr den eigenen Interessen entsprechend arbeiten.

Es gibt fur jeden viel mehr Möglichkeiten, als ein einzelner Mensch je in einem Leben verwirklichen könnte. Und dank Smartphone, Streaming und Online-Handel stehen auch Julia und Christian mitten in der Alles-Immer-Gesellschaft: Alles ist immer verfügbar, alles ist immer möglich, konsumierbar, zur Hand, und zwar gleichzeitig. Wer das gewohnt ist, tut sich natürlich schwer damit, wenn man spürt, dass zwischen Familie, Karriere und eigenem Leben nicht immer alles geht.

Die Entscheidung, die Julia und Christian treffen müssen, ist also nur eine von vielen Entscheidungen zwischen Kindern, Karriere und der eigenen Verwirklichung. Was vorher durch gesellschaftliche Erwartungen klar vorgegeben war, müssen die beiden nun miteinander aushandeln. Wie wir eben mitbekommen haben, ist das auch eine kommunikative Aufgabe. Die Herausforderung heißt: Wünsche und Vorstellungen von zwei Menschen in Balance zu bringen.

Das ist mitunter die schönste Aufgabe überhaupt: Alles so zu verteilen und anzupassen, dass es einem selbst entspricht und nicht irgendwelchen Vorgaben, die sagen, was richtig ist. Der anstrengende Prozess ist es wert.

WAS DEN BEIDEN BEIM REDEN GEHOLFEN HAT

- Ich-Botschaften statt Du-Botschaften. Nur von der eigenen Wahrnehmung erzählen und nicht so tun, als wüsste man genau, wie der andere es gemeint hat.
- Erst einmal davon ausgehen, dass das Verhalten des anderen für den anderen Sinn ergibt und er oder sie es gut mit mir meint, auch wenn das unverständlich oder egoistisch scheint.
- Wie häufig benutze ich eigentlich Du-Botschaften? Beim nächsten Gespräch mit meinem Partner oder meiner Partnerin achte ich da mal besonders darauf.

Der Wunschplan

Bei den ganzen Möglichkeiten und Aspekten, die in Balance gebracht werden sollen, kann Ordnung schon viel helfen. Damit dies gelingt, hilft es, so zu tun, als gäbe es bisher noch gar keine Aufteilung zwischen Beruf, Familie und mir selbst. Ich stelle mir vor, dass ich alles komplett neu definieren könnte. Ich stelle mir vor, dass ich frei bestimmen dürfte, wie meine typische Woche aussieht. Sieben Tage mit je 24 Stunden. Und dann verteile ich die Zeit.

- Wie viele Stunden an wie vielen Tagen würde ich arbeiten?
- Mit meinem Partner zu zweit verbringen?
- Meinen eigenen Interessen nachgehen, Musik hören oder machen, Sport treiben, verreisen, lesen?
- Freunde und Familie treffen?
- Mit meinen Kindern verbringen? Sofern ich welche habe.
- Nichtstun?
- Schlafen?

Denselben Plan könnte mein Partner auch erstellen. Und dann gilt es, zwei Schritte zu gehen:

Schritt 1: Wie müssen wir die beiden Pläne anpassen, damit beide verwirklicht werden können, ohne sich gegenseitig unmöglich zu machen? Daraus entstehen dann die angepassten Wunschpläne.

Schritt 2: Klären, welche Schritte wir gehen müssen, um von der jetzigen Situation zu unseren angepassten Wunschplänen zu kommen. Wo muss mehr Zeit reingesteckt werden, wo weniger? Wie machen wir das?

WENN IHR NOCH EIN PAAR TIPPS BRAUCHT:

- Wir sind sehr gut darin, erst einmal in Problemen anstatt in Möglichkeiten zu denken. »So wenig arbeiten? Das können wir uns eh nicht leisten.« Das ist verständlich, aber sehr hinderlich beim Wünschen. Ich tue ja absichtlich so, als könnte ich mir die Zeit frei einteilen. Die Beschränkungen kommen noch früh genug dazu, im nächsten Schritt.
- Im zweiten Schritt hilft es, nicht in Beschränkungen, sondern in Konsequenzen zu denken. »Das können wir uns nicht leisten.« Daraus wird dann richtigerweise: »Weniger oder etwas anderes arbeiten bedeutet weniger Einkommen. Die Konsequenz wäre dann eine Wohnung in einer günstigeren Gegend, weniger kostspielige Reisen, günstigeres Essen. Das kann auch dazu führen, dass die Entscheidung lautet: »Das ist es uns nicht wert. Wir arbeiten lieber mehr, damit wir uns diese Wohnung, Reise, Essensgewohnheit leisten können.« Aus dem ohnmächtigen »Anders geht es nicht« wird dann eine bewusste Entscheidung. Und wir erinnern uns daran: Weil uns das eine so wichtig ist, verzichten wir bewusst auf das andere.

Sexualität

Wenn es kein richtig und falsch gibt

Obwohl die Gesellschaft so offen über das Thema Sexualität spricht wie noch nie, stellt es viele Paare vor Probleme. Wie können sie über ihr Sexualleben sprechen, ohne dass es unangenehm wird und Lustverlust bedeutet – vor allem, wenn sich das eigene Lustgefühl verändert. Jasmin und Daniel probieren gerade, etwas zu klären.

Endlich Wochenende! Da gehören Jasmin und Daniel sicher zu denjenigen, bei denen besonders viel passiert. Sie sind gerade mal ein Jahr zusammen, Mitte 20 und feierwütig. Deshalb geht's für mich ab zu den beiden ins Dachgeschoss. So gegen halb 12 werden beide langsam und etwas zerzaust wach. Ging doch etwas länger gestern im Club. Jasmin nimmt das Handy in die Hand, checkt die üblichen Messenger, schreibt ein paar Leuten und postet Bilder von gestern. Daniel zieht sich seine Boxershorts an. Er überlegt kurz, ob er aufstehen soll, entscheidet sich aber doch dagegen und kuschelt sich bei Jasmin an. Mit seiner Hand streichelt er ihren Bauch. Jasmin bleibt davon unberührt, hält den Blick auf dem Bildschirm und tippt. Irgendwann wird Daniel mit seinen Berührungen offensiver. Jasmin ahnt, worauf das hinauslaufen soll.

»Puh, lass mal. Ich will gerade nicht, ich bin noch super wasted von gestern.« Sie sagt das, ohne auch nur eine Miene zu verziehen, geschweige denn vom Bildschirm hochzuschauen. Daniel ist enttäuscht, versucht aber, sich nicht allzu viel anmerken zu lassen. Nach ein paar Minuten probiert er es wieder. Ohne jeden Kommentar oder andere Regung schiebt Jasmin die Hand wieder zurück. Das geht noch einige Male so. Irgendwann kann er seine Enttäuschung dann doch nicht mehr verbergen.

»Jaja, schon klar«, bringt er genervt hervor.

»Was hast du denn?«, fragt Jasmin, wiederum ohne ihr Gesicht oder Genick zu bewegen. Daniel hadert kurz. So ganz geheuer ist ihm das nicht. Aber gut, wenn sie fragt: »In letzter Zeit hast du mich irgendwie häufiger abblitzen lassen.« Jasmin ist mittlerweile von WhatsApp zu Insta-

gram gewechselt. Daniel fährt fort: »Und da komme ich mir so blöd vor. Weißt du, so der Klischee-Typ, der immer will und sie halt nicht. Bisher war das doch nicht so.« In Jasmins Gesicht bewegen sich nach wie vor ausschließlich ihre Augen von links nach rechts. Daniel setzt sich, soweit es das Bett und seine von der Nacht etwas zerstörte Physis zulassen, auf und dreht den Kopf zu Jasmin: »Hörst du mir überhaupt zu?«

»Klar«, antwortet sie ungerührt, »du kommst dir blöd vor, weil du häufiger Sex willst als ich, du nicht so der Klischee-Typ sein willst und es früher besser war«. Der Tonfall ihrer Stimme ist – sagen wir – beiläufig.

»Ja, genau«, antwortet er. »Als wir letztes Jahr zusammengekommen sind, war das ein einziger Rausch und superschön. Aber in den letzten Wochen ist das irgendwie weniger geworden. Du schiebst mich immer häufiger zurück.« Jasmin legt gerade einen Filter über ein Foto von gestern:

»Echt? Wann das denn?«

»Naja, letzte Woche Donnerstag zum Beispiel: Wir sind abends mit deinen Mädels Cocktails trinken gegangen. Und ich finde, ich hab mich echt gut darauf eingelassen. Und nachdem ich den Abend überstanden habe, obwohl Maja so nervt, machst du dich zu Hause einfach fertig und gehst ins Bett. Ich hätte mir das echt verdient.«

Jasmin zieht überrascht die Augenbrauen hoch. Nicht wegen dem, was Daniel gesagt hat, sondern wegen eines Kommentars, den sie zu einem Foto gelesen hat. Während sie eine Antwort tippt, sagt sie etwas gelangweilt und distanziert: »Klingt jetzt echt ein bisschen komisch für mich, wenn ich dich mit Sex belohnen soll, weil du mal einen Abend nett zu meinen Freundinnen bist.«

Daniel würde gerne etwas darauf antworten, das kann er aber irgendwie nicht. Er ärgert sich über Jasmin. Aber auch über sich selbst.

»Aber unseren Sex findest du grundsätzlich nach wie vor schön oder das auch nicht?«

»Doch, doch.«

Es gibt eine kurze Pause, in der Daniel tief einatmet und versucht, ruhig zu bleiben. Dann wird er doch ziemlich laut: »Meine Güte, kannst du jetzt mal das Handy weglegen?«

Eine Sache des Zuhörens, nicht des Kontostands

Das war deutlich und kam, glaube ich, sogar noch deutlicher raus, als Daniel das selbst gewollt hat! Thematisch sind die beiden gar nicht so weit gekommen, dass sie sich hätten im Kreis drehen können. Das Gespräch konnte überhaupt keine Fahrt aufnehmen. Warum eigentlich nicht?

Wer jetzt eine Abrechnung mit der Smartphone-Generation erwartet, den muss ich leider enttäuschen. Denn es geht gar nicht so sehr darum, dass sie die ganze Zeit aufs Handy starrt. Sie hätte ebenso gut in der Zeitung lesen können, die Wand anstarren, sich die Fußnägel lackieren oder einen Schrank bauen können. Der Unterschied wäre lediglich gewesen, dass Daniel dann vielleicht eher gesagt hätte »Kannst du jetzt mal die scheiß Kreissäge weglegen?«.

Wichtig ist nicht, was sie gemacht hat, sondern vielmehr, was sie nicht gemacht hat. Und das nennen Kommunikationsprofis: aktives Zuhören.

Da könnte Jasmin jetzt natürlich protestieren und darauf verweisen, dass sie sehr wohl zugehört hat. Und wenn ich mir die Situation anschaue, muss man ihr auf den ersten Blick natürlich Recht geben. Sie war sogar in der Lage, das, was Daniel gesagt hat, sachlich richtig, allerdings auch so wertschätzend und empathisch wie ein Behördenformular, zusammenzufassen. Die Krux liegt im Wörtchen »aktiv«. Das bedeutet im Klartext, dass sie nicht nur für sich zuhört, sondern das auch aktiv zeigt. Daniel müsste es unbewusst wahrnehmen können: Ein gelegentlicher Blick in die Augen, ab und zu ein Nicken, hier und da mal ein »Aha« oder »Mhm« – das wirkt schon Wunder. Damit signalisiere ich meinem Partner oder meiner Partnerin ganz automatisch: »Ich nehme wahr, was du sagst. Ich schätze das wert und ich begreife, dass dir das gerade ein wichtiges Anliegen ist.«

Man hat gerade gegen Ende regelrecht gespürt, wie Daniel an diesen Nullreaktionen von Jasmin verzweifelt ist. Das ermuntert natürlich kaum zum weiteren Erzählen oder dazu, sich auf den anderen einzulassen. Auch wenn Jasmin es wahrscheinlich gar nicht wollte, signalisiert sie Daniel non-verbal: »Es ist mir egal.«

Deshalb ist es auch völlig irrelevant, ob sie sich inhaltlich mit dem Smartphone oder der Raufasertapete auseinandersetzt. Und selbst wenn sie Daniel mit dem Uraltspruch »Ich bin eine Frau, ich kann Multitasking« käme, würde das kaum etwas ändern. Fehlendes aktives Zuhören ist für eine wertschätzende Kommunikation, die inhaltlich tiefer geht als eine Terminabsprache, schädlich. Er und jeder andere in seiner Situation kann unbewusst gar nicht anders, als darin eine Störung wahrzunehmen.

Das gilt nicht nur für so ein intimes Thema wie Sexualität, aber eben besonders dafür. Jeder Mensch hat das Grundbedürfnis, mit seinen Anliegen wahrgenommen zu werden und auch zu spüren, dass er oder sie wahrgenommen wird.

Daniel formuliert sein Anliegen aber – gelinde gesagt – etwas merkwürdig. Denn was er dort versteckt formuliert, ist eine Art Buchführungsperspektive auf die Beziehung. Zum Schluss wird es ganz deutlich: Wenn er sich schon auf einen anstrengenden Abend mit Jasmins Freundinnen einlässt und da Zeit und Nerven investiert, soll er doch wenigstens auch ein bisschen davon profitieren. Ungeachtet dessen, ob ihm das bewusst ist, zieht damit ein sehr schräger Blick auf Sexualität ein: nämlich eine Logik von Leistung und Gegenleistung. Das ist in zweierlei Hinsicht ein Problem: Er unterstellt, Jasmin würde Sex für ihn und wegen ihm haben, nicht aber aus eigener Lust heraus. Wie verbreitet Daniels Haltung ist, zeigt sich in einer immer noch bei vielen verwendeten Sprache über Sex: »ihn ranlassen«. Das zweite Problem ist, dass eine Beziehung nun mal kein Konto ist, auf das beide einzahlen und das dann ausgeglichen sein muss. Das erschließt sich speziell am Thema Sexualität eindeutig, gilt aber generell für jedes Beziehungsthema.

Auf ein Konto einzahlen, das kann ich nur in Währungen, die miteinander verrechenbar sind. Das ist bei Jasmin und Daniel offensichtlich nicht der Fall. Denn was für merkwürdige Dinge kämen dabei heraus, wenn man Daniels Perspektive konsequent weiterdenkt?

Noch absurder wird die Buchführungsperspektive, wenn einer der beiden eine schwere Phase durchmacht und der andere ihn dann stützt und trägt. Muss das dann auch ausgeglichen werden? Wann denn? Und vor allem: wie? Auf der Beziehungsebene macht eine Buchführung keinen Sinn. Oft unterscheidet sich gerade darin eine Liebesbeziehung von anderen zwischenmenschlichen Interaktionen. Hier gilt kein: Wie du mir, so ich dir.

Das bedeutet nicht, dass es innerhalb einer Beziehung nicht auch eine Sachebene geben darf, die mit klassischem Ausgleich arbeitet. Wenn sich beide entscheiden, den Haushalt gleichmäßig aufzuteilen, kann es sinnvoll sein zu sagen: Du hast jetzt eine Stunde lang gewischt, ich kümmere mich ums Badezimmer. Denn damit wird kein Beziehungskonto aufgestellt, sondern eins für die Hausarbeit.

Deshalb gilt für die wertschätzende Kommunikation: Sie ist wertschätzend, weil man ihre Werte bestenfalls schätzt und eben nicht auf eine Zahl festlegt.

Guter Sex trotz langer Liebe?

Auch Jasmins Social-Media-Karriere hat mal Pause. Vor allem wenn Kaffee und Katerfrühstück locken. Mit beidem sitzen die zwei auf dem Bett und auf dem Laptop läuft eine Serie, auf die sie aber nicht wirklich achten. Beiden ist schon irgendwie klar, dass es vorhin nicht so ideal lief.

Jasmin legt den Kopf zur Seite und schaut Daniel an: »Mich wundert das ja selber, dass ich in letzter Zeit so wenig Lust habe. Ist irgendwie ein schlechtes Zeichen für uns, oder?«

»Weiß nicht. Ich meine, ist ja wohl normal, dass es mit der Zeit weniger wird, aber jetzt schon? Finde ich schon irgendwie komisch.«

»Voll«, sagt Jasmin nickend, »irgendwie kribbelt das auch gar nicht mehr so sehr in mir wie vorher. Aber da kann doch nicht jetzt schon die Luft bei uns raus sein, oder?«

»Hm«, denkt Daniel kurz nach. Dann: »Eigentlich nicht. Aber mal eine Frage: So etwas wie vorhin, warum lässt du dich nicht einfach darauf ein und wir gucken dann weiter?«

Jasmin guckt ihn etwas überrascht an: »Das kann ich nicht. Das muss erstmal so von der Stimmung her passen und da muss ein bisschen Kopfkino bei mir abgehen, damit ich mich darauf einlassen kann. Anders funktioniert das bei mir nicht. Aber das ist doch normal, dass Frauen nicht so häufig wollen wie ihre Typen und ein bisschen mehr Romantik drumherum brauchen, oder?«

»Echt, ist das immer noch so?«

»Naja, scheint so. Die letzten Tage stand auch in einer Umfrage auf einem Newsblog, dass 90 % der Frauen seltener Sex wollen als ihr Partner.«

»Krass. Aber was brauchst du denn, damit du dich da entspannter darauf einlassen kannst?«

Einzelfall schlägt Norm

Man merkt schon, wie so ein Gespräch besser in Gang kommt, wenn beide das Interesse aneinander auch anhand von Gestik, Mimik und anderen Signalen zeigen, oder? Aktives Zuhören scheint Jasmin also sehr wohl zu können. Und auch Daniel stellt sich hier deutlich besser an als vorhin. Anstatt auf Ausgleich des Beziehungskontos zu pochen, fragt er Dinge wie: »Was brauchst du denn?« Das hat den großen Vorteil, dass Jasmin dann auch viel eher dazu bereit ist, auf das Gespräch und sein Anliegen einzugehen, als wenn sie zu einem Kontoausgleich aufgefordert wird.

Miteinander reden, das können die beiden also. Allerdings ändert das nichts an ihrem Thema. Robert und Claudia aus dem Erdgeschoss würden wahrscheinlich eher milde darüber Lächeln, weil Jasmin und Daniel eben erst bemerken, dass Paare in unterschiedlichen Phasen auch unterschiedlich intim miteinander sind. Diese Erkenntnis haben die beiden schon lange hinter sich. Natürlich wird es bei vielen nach einer stürmischen Anfangsphase erst einmal ruhiger. Das ist bei den meisten Paaren so und überhaupt kein verheerendes Zeichen, wie Jasmin anfangs vermutet.

So hilfreich es auch ist, dass die beiden sich Gedanken machen und sogar ein Gespräch daraus erwächst: Beide laufen Gefahr, dass sie dabei weniger auf ihre persönlichen Bedürfnisse schauen als vielmehr auf das, was sie für objektiv und normal halten. Ja, es gibt viele Frauen, die nach einiger Zeit weniger häufig ihre Sexualität ausleben wollen als ihre Partner. Aber es gibt eben auch genügend Paare, bei denen das genau andersherum ist. Die Vergewisserung, dass es anderen genauso geht, beruhigt natürlich. Andererseits: Was helfen 90 %, wenn man selbst zu den verbleibenden 10 % gehört? Und selbst wenn man zu den 90 % gehört: Löst das irgendein Problem? Um es noch komplizierter zu machen: Was wäre eigentlich, wenn sich die Sexualität bei Jasmin und Daniel innerhalb des ersten Jahres kontinuierlich intensiviert hätte? Wäre das dann noch wünschenswert oder müssten sich die beiden Sorgen machen, noch normal zu sein? Die gute Nachricht: Die Antworten auf diese Fragen sind ziemlich irrelevant. Ein Paar ist immer ein Einzelfall und nie eine Statistik.

Was alle Überlegungen eint: Sie können eigentlich nur entstehen, wenn eine Norm von außen an einen herangetragen wird. Warum will ich ihr genügen? Oder besser gesagt: Warum glaube ich, ihr genügen zu müssen? Wer legt eigentlich diese Norm fest? Die Gesellschaft? Frauen- oder Männerzeitschriften? Internetgurus? Statistiken? Irgendwelche Ratgeber? Das sind alles wichtige Informations- und Ideenquellen. Aber eben auch nicht mehr als das. Wenn ein Paar nicht den sicheren Weg ins Unglück wählen will, kommt es um eine Sache nicht herum – selbst zu reflektieren: Was ist hilfreich für uns? Was kann uns getrost egal sein? Also auch: Was scheint für viele zu gelten, aber nicht für uns?

Sexualität ist einer der wenigen Bereiche, der ausschließlich Auswirkungen auf mich und meinen Partner hat. Ob wir uns treu sind oder nicht, das betrifft ganz schnell andere Menschen. Ob wir Familie und Arbeitsleben vereinbaren können, das wirkt sich auf Kollegen und Verwandte aus. In der Sexualität gilt das alles nicht. Warum sollen hier also plötzlich Normen von außen gelten? Diese Perspektive einzuüben, ist deshalb so wichtig, weil sie eine Menge Druck nimmt: Man kann sich lieben und häufig intim werden. Man kann sich aber auch lieben und mehr oder weniger enthaltsam leben. Beides ist völlig okay und wertfrei.

Die gute Nachricht: Wie alles andere auch, können Fragen der Sexualität im wertschätzenden Gespräch miteinander geklärt werden. Letztlich läuft es immer auf dieselben vier Punkte hinaus:

Worauf stehe ich?

Worauf stehst du?

Worauf möchten wir uns beide einlassen?

Worauf nicht?

Um Antworten zu finden, muss man die Normenschere im Kopf beiseitelassen. Und weil sich Sexualität immer weiterentwickelt, müssen wir diese Fragen immer wieder stellen. Nicht ganz leicht, es bleibt aber aufregend!

Eigentlich ist das Reden über Sexualität doch kein Problem mehr, oder? Schließlich sind wir doch alle ›tabufrei‹ und aufgeklärt. Oder etwa nicht? Jeder von uns hat wohl unterschiedliche Bereiche der Sexualität, über die er gerne oder nicht so gerne spricht. Worüber sprichst du mit wem?

WAS DEN BEIDEN BEIM REDEN GEHOLFEN HAT

- Aktives Zuhören, um den anderen spüren zu lassen, dass er und seine Anliegen ernst genommen werden.
- Über Beziehungsthemen nicht wie über ein Konto sprechen, das ausgeglichen werden muss. Es gibt kein Soll und Haben.
- Die Norm vergessen. Es gibt sie nur in unseren Köpfen.

Glaube

Warum es den richtigen Ort und die richtige Zeit braucht

Wer in der Öffentlichkeit über schräge Dinge spricht, wird vielleicht schräg angeguckt. Aber wer in der Öffentlichkeit über seine Glauben spricht, den halten viele für einen Freak. Ist Glaube überhaupt ein Thema, über das man sich als Paar Gedanken machen muss? Jasmin und Daniel erleben einige Stolperfallen und feine Unterschiede zwischen A wie Atheist und Z wie ziemlich gläubig.

Ich bleibe bei Jasmin und Daniel. Spannend, was die gerade alles bequatschen. Das Katerfrühstück ist abgehakt und die zwei tigern in die Stadt. Nach ein paar Schaufensterblicken und Umkleidebesuchen landen sie in einem Restaurant:

An einem langen Tisch mit Holzbänken dran, um deren Plätze sich an diesem Samstagnachmittag unzählige Gäste gerissen haben. Aus den Lautsprechern dröhnt minimalistische Lounge-Musik und mit den Funktionsjacken, die sich nach herbstlichen Shoppingtouren auf den Bänken stapeln, könnte man problemlos auch den Nordpol bezwingen. Jasmin und Daniel müssen bald zurück nach Hause, denn es kommen noch Freunde zu Besuch. Aber ohne Pappardelle mit Lachssoße für Jasmin und einer Pizza Diavolo für Daniel ist es einfach kein echter Samstag in der Stadt.

Leicht müde schaut Daniel in Richtung Tür, reibt sich ein bisschen Restmüdigkeit aus den Augen und grinst: »Ach guck mal ein Kapuzinerbruder!«

Jasmin schaut etwas überrascht von ihrem Teller auf: »Woher weißt du, was das für einer ist?«

»Die Kapuzenkutte, der Strick mit den Knoten... Ein Großonkel von mir war auch einer.«

Die Kleinkinder in der Familie nebenan fangen genau in dem Moment an zu schreien, weshalb Jasmin nicht alles verstanden hat: »Ein was?«

»Großonkel!«

»Krass! Und du bist dann auch gläubig und so?«

»Meinst du, der hat mir das genetisch vererbt? So wie die braunen Augen oder meine Anfälligkeit für Diabetes mellitus?«

Jasmin streckt ihm die Zunge raus: »Sehr witzig! Hast du in letzter Zeit zu viel mit Claudia geredet oder was? Aber jetzt mal wirklich: Bist du so richtig gläubig?«

»Was heißt so richtig? Also ich war halt Messdiener und so – Ferienlager und die Geschichten halt.«

»Wie bitte?«, fragt Jasmin nicht mit Überraschung im Ton, sondern sehr laut, weil sie ihn wieder nicht verstanden hat. Der Lärmpegel ist nicht gerade geringer geworden und Daniel hat den Schluss schon ein bisschen in sich hinein gemurmelt. Etwas gereizt und angestrengt wiederholt er seinen Satz. »Und als ich dann ausgezogen bin, hat das aufgehört mit Kirche und so.«

»Aber gläubig bist du noch?«

»Ich glaube ja. Doch, irgendwie schon. Ich bin tatsächlich noch in meinem Jugendverband. Aber mehr als Karteileiche.«

Das hört sich für Jasmin jetzt doch etwas unlogisch an: »Aber du bist doch Biologe. Das passt doch überhaupt nicht«, sagt sie mit einer Mischung aus Irritation und Zweifel.

»Finde ich schon!«

»Was findest du daran schön? Mann! Sprich mal lauter!«

»Ich habe gesagt: Finde ich schon!«

»Aber wenn du die ganze Evolutionstheorie und das alles vertrittst, wie kannst du dann noch an den ganzen Gottkrempel und so glauben?«

Daniel muss sich gerade sehr anstrengen, ihr zuzuhören. Wegen dem, was sie sagt, aber vor allem, weil die Lautstärke geblieben ist und er seinen Kater von gestern

Abend gerade wieder spürt. Dazu noch die Pizza. »Ich sage ja nicht, dass ich jedes Wort aus der Bibel wörtlich nehme. Das ist mehr ein Grundgefühl. Außerdem finde ich die Werte gut, die da drin sind.« Er guckt auf die Uhr: Eigentlich müssten die beiden bezahlen und zusehen, dass sie einen Bus zurück erwischen.

Jasmin entgegnet ihm: »Naja, hast du dir diese Werte da drin mal genauer angeguckt? Der feine Herr Gott lässt dauernd irgendwelche Leute sterben, Frauen sind Menschen zweiter Klasse und diese ganze Sache mit Nächstenliebe und so, da brauche ich doch keine Bibel zu. Das finde ich doch auch woanders!«

»Ja tut mir leid, ich kenne das halt daher«, sagt Daniel schon ein bisschen genervt. »Du, wir müssen zahlen, sonst schaffen wir das nicht mehr.« Er dreht sich um und ruft die Bedienung. Jasmin bohrt währenddessen nach: »Oder findest du das richtig, dass Frauen in der Bibel völlig untergeordnet sind?«

»Alter, das war doch eine ganz andere Zeit. Außerdem kann man das gar nicht so pauschalisieren. Das muss man doch auch im Zusammenhang sehen.«

»Aber wozu nehme ich dann das Buch aus der Zeit, aus diesem Zusammenhang, und berufe mich darauf? Da könnte ich doch viel besser an der Aufklärung oder aktuelleren Gedanken ansetzen! Naja, ich muss noch aufs Klo, bevor wir losgehen. Musst du auch?«

Wenn das Thema nicht in den Rahmen passt

Eigentlich gar nicht mal so schlecht, dass die beiden hier busbedingt ihre Diskussion unterbrechen müssen. Und trotzdem sehe ich ihnen an, dass sie nicht zufrieden damit sind, was die letzten Minuten passiert ist.

In den Köpfen kann ich die Gedanken kreisen sehen und wie die beiden sich Argumente bereitlegen, sich überlegen, was sie lieber gesagt hätten. Klar, so mitten im Gespräch unterbrochen zu werden, ist nervig. Und schlagfertig ist ja meistens das, was einem auf dem Nachhauseweg einfällt und nicht das, was man in der Situation sagt.

Die beiden erleben gerade die Folgen einer der häufigsten Fehler, die bei solchen Gesprächsthemen unterlaufen können – ein wichtiges Thema im unpassenden Setting. Mit Setting sind die Rahmenbedingungen des Gesprächs gemeint, die nichts mit seinem Thema selbst zu tun haben: Zunächst sitzen die beiden in einem Restaurant, also in einem öffentlichen Raum, wo man eng an eng sitzt und deutlich gehemmter spricht.

Noch stärker wirkt sich aus, dass es dort laut ist. Und weil sie an langen Bänken sitzen, gibt es nicht nur viele Umgebungsgeräusche, sondern auch andere Gespräche in der Nähe. Das ist noch gravierender, als wenn es nur Geräusche wären. Die kann unser Gehirn immerhin noch einigermaßen ausblenden. Sprache zu verarbeiten, ist allerdings viel komplexer und die Rechenkapazität im Gehirn ist schneller erschöpft. Wer das nicht glaubt: einfach mal zwei Hörbücher anstellen und gucken, wie lange man mitkommt.

Geräusche auszuhalten, das kostet sehr viel Energie. Die steht dann nicht mehr zur Verfügung, um Zwischentöne und andere Signale in ihrer Fülle wahrzunehmen. Aufgrund der Stresssituation, in die das Gehirn kommt, reagieren wir dann schneller gereizt, was sich bei Jasmin und Daniel auch ziemlich deutlich zeigt. Die fehlende Kapazität sorgt dafür, dass ich in der Zeit, die ich für eine Reaktion auf etwas Gesagtes habe, weniger gelassen und wohlüberlegt agieren kann.

Es gibt noch weitere Schwierigkeiten bei diesem Setting: Zeitdruck und Fitness. Alles das bindet unsere Hirnkapazität. Persönliche und tiefgründige Gespräche sind also kaum möglich. Dass Daniel hier immer widerwilliger und angestrengter antwortet und Jasmin in ihren Fragen und Reaktionen immer bissiger wird, ist davon nur eine logische Folge.

Nicht ohne Grund kommt es in Fußballstadien häufiger zu Rangeleien als im Yoga-Kurs – obwohl es viele Menschen gibt, die sowohl das eine als auch das andere besuchen. Es gibt einfach passendere und unpassendere Settings für sensible Gesprächsthemen. So gesehen ist es eigentlich ein Wunder, dass es in vollen Restaurants nicht öfters zu Handgreiflichkeiten kommt.

Ich stelle mir jetzt gerade mal das gleiche Gespräch in einem ruhigen Raum vor, in dem nur die beiden sitzen. Und dann sind sie auch noch fit, haben Zeit und sind mit ihrer Aufmerksamkeit ganz beieinander. Das wäre dann ganz sicher besser gelaufen.

Auf die Sache mit dem Setting achten wir in anderen Zusammenhängen viel intuitiver: Wenn ich eine Party feiern will, auf der ordentlich getanzt werden soll, starte ich die ja auch nicht in einer Bibliothek. Offensichtlich ist das ein unpassendes Setting. Wir müssen sensibel sein, die richtigen Themen an den richtigen Orten zu besprechen.

Nur leider spricht man derlei Themen häufig ungeplant an. Meistens ergibt eben doch ein Wort das andere. So wenig spontan und reizvoll es auf den ersten Blick klingt: Hier gilt es, die Reißleine zu ziehen. Themenwechsel oder eine Gesprächspause, ganz einfach. Das hat nichts mit Vermeidung zu tun oder damit, etwas unter den Teppich kehren zu wollen. Ein Einfaches »Du, sollen wir das vielleicht lieber später in Ruhe besprechen?« – das kann schon sehr hilfreich sein. Dann gilt es aber natürlich auch, später daran zu denken. Wenn beiden das Gesprächsthema wirklich am Herzen liegt, kann das gut klappen.

Der persönliche Glaube oder Nicht-Glaube ist ein Paradebeispiel für Themen, bei denen das passende Setting sehr wichtig ist. Aus Mangel an Hirnkapazität kamen bei Jasmin und Daniel schnell typische Klischee-Argumente auf den Tisch: Glaube und Wissenschaft werden als Gegensätze dargestellt und die Bibel ist selbstverständlich ein martialisches Manifest des Patriarchats. Ach ja, und diese Nächstenliebe kann man sich natürlich überall her zusammenkonstruieren. Da braucht es natürlich den Glauben nicht zu. Daniel ist allerdings auch nicht gerade differenziert oder mit viel Elan dabei, Jasmin zu erklären, was ihm daran trotzdem so wichtig ist. Er findet das mit dem Glauben irgendwie ganz in Ordnung, so ein paar Werte passen halt und man sollte jetzt auch nicht alles zu wörtlich nehmen. So richtig geht er auf Jasmins Anfragen nicht ein. Kein Wunder, dass das kein konstruktiv wertschätzendes Gespräch geworden ist, geschweige denn, dass seine Argumente sie überzeugen würden. Auf seine spirituelle und religiöse Stimmung, die zu Anfang anklingt, kommt er gar nicht mehr zu sprechen.

Immer wieder schlägt das unpassende Setting explizit durch: Jasmin muss nachfragen, weil sie ihn aufgrund der Lautstärke nicht versteht. Daniel ist noch leicht verkatert und weil es um persönliche Dinge geht, spricht er lieber etwas leiser und murmelt Dinge in sich hinein. Ich bin mir aber sicher: Das kriegen die beiden auch anders hin.

Was glaubst du eigentlich, woran du glaubst?

Das mit dem Bus zurück hat zum Glück noch geklappt und der Abend mit den Freunden war großartig. Es ist Sonntagnachmittag, beide sind fit und sie sitzen mit einem Kaffee auf dem Sofa. Jasmin spricht das Thema von gestern an: »Sorry, dass ich da gestern so übertrieben reagiert habe. Ich wollte dich nicht verletzen. Mir fällt das einfach superschwer, nachzuvollziehen, warum Leute an Gott glauben. Und dazu dann auch noch Mitglied in der Kirche zu sein – das könnte ich einfach nicht.«

»Ich bin jetzt ganz sicher nicht der Vorzeige-Katholik oder so.«

»Was auch immer das ist, ein Vorzeige-Katholik. Aber du glaubst schon irgendwie, hast du gesagt. Jetzt mal Butter bei die Fische: Glaubst du an Gott?«

Daniel zögert ein bisschen, bevor er antwortet: »Ja. Halt

nicht immer alles so, wie alle das so denken. Aber ich glaube schon, dass es da wen oder etwas gibt, das größer ist als das alles hier.«

»Aber warum brauchst du das? Ich hatte vorhin ja schon gefragt: Wie geht das zusammen mit Biologie studieren und Naturwissenschaft und aufgeklärt sein?«

»Gerade weil ich mich mit allem so genau auseinandersetze, was es auf der Erde gibt, deswegen glaube ich. Es gibt superkomplexe Zellen, die verschiedensten Tiere und Pflanzen und chemische Prozesse, die genau auf diese Organismen abgestimmt sind. Und das soll alles purer Zufall sein?«

»Kann doch sein! Außerdem betreibst du da Wissenschaft, nicht Glaubenschaft. Wissen ist nun mal das Gegenteil von Glauben.«

»Hast du dir mal angeguckt, was Biologen vor 150 Jahren meinten, über das menschliche Gehirn zu wissen? Da gab es irgendwelche Schädelwölbungen für Vaterlandsliebe in deren Gehirnbeschreibungen.« Jasmin verdreht die Augen, muss aber auch ein bisschen lachen. Daniel lässt sich davon nicht beirren: »Eben! Das sind doch immer nur Annahmen und Modelle. Wahrscheinlich lachen die Leute schon in 100 Jahren über alles, was Neurobiologen heute meinen zu wissen. Letztlich glauben wir auch nur, dass das irgendwie so hinkommt und ein passendes Modell ist. Warum ist es dann so abwegig, dass es da noch etwas ganz anderes gibt, was wir noch nicht kennen?«

»Ok, ist ein Punkt. Aber solche Modelle basieren wenigstens auf Beobachtungen und Messungen und nicht auf Vermutungen oder irgendwelchen Ideologien.«

»Da unterhalte dich mal mit Leuten aus verschiedenen Disziplinen. Das hat auch ganz schön was Ideologisches.«

»Aber woher kommt dieser Glaube? Ist das nicht pure Gewöhnung? Das ist dir doch nur ansozialisiert worden? Wenn du in Pakistan auf die Welt gekommen wärst, würdest du dann auch an Allah glauben?«

»Kann schon sein. Ich habe halt die Erfahrungen gemacht, dass mir Glaube guttut und hilft. Wenn ich vor einer wichtigen Klausur eine Kerze beim Lernen anhabe oder am Grab von meinem Opa ein Vaterunser spreche, das ist für mich einfach wichtig. Oder daran zu glauben, dass ich hier nicht allein bin. Ja, vielleicht wäre das woanders Allah oder sonst wer geworden.«

Jasmin denkt kurz nach: »Das mit dem Guttun kann ich nachvollziehen. Nur – muss das dann unbedingt in so einer Institution sein? Kannst du nicht einfach so an Gott und Jesus glauben, Kerzen anzünden oder beten? Da braucht es doch diesen ganzen Ideologie-Apparat nicht dazu!«

»Aber da habe ich es halt her. Dieses ganze Ding, für andere da zu sein, und da an was glauben können, habe ich nicht einfach in einem Buch gelesen und dann entschieden ›Alles klar, ab jetzt halt so!‹. Wenn du im Ferienlager oder auf einer Fahrt bist oder mit zig hundert Leuten Ostern feierst, das sind einfach beeindruckende Erlebnisse. Wenn ich mal Kinder haben sollte, fände ich das mega gut, wenn die das dann auch erleben dürfen. Und dazu brauchst du eben auch deinen Ideologie-Apparat.«

»Aber braucht es für diese Erfahrungen oder die sozialen Dinge wirklich Kirche? Das sind doch Aufgaben für den Staat, oder nicht? Um Bildung und Soziales muss der sich

kümmern. Ich finde das schwierig, wenn so ein Laden das macht, mit den ganzen Skandalen und so.«

»So ganz ohne Skandale kommt der Staat ja auch nicht gerade aus. Wenn der das auch machen kann, meinetwegen. Macht er aber nun mal nicht. Und solange der das nicht tut, finde ich es komisch, der Kirche vorzuwerfen, dass sie Verantwortung für etwas übernimmt und sich engagiert. Und irgendwie ist das schon netter mit den ganzen Menschen, die das da in Gemeinde oder einem Verband machen und nicht einfach wie auf dem Amt. Ich habe in diesem Laden so gute Leute kennengelernt, auf die ich an anderen Orten nicht getroffen wäre. Ich sage ja nicht, dass alles in Kirche immer genial ist. Ich habe da riesige Kritik an vielem, was da passiert. Aber ich kenne halt auch die andere Seite.

Aber mal was anderes: Warum ist das eigentlich so ein Problem für dich? Du warst letzten Donnerstag plötzlich so schlecht gelaunt, als ich dir von den Zeiten mit meiner Messdienerrunde erzählt habe. Das hat mich ganz schön verwirrt.«

Jetzt braucht Jasmin einige Momente zum Nachdenken: »Ich glaube, weil ich so gar keinen Zugang dazu habe. Aber das scheint so ein wichtiger Teil von dir zu sein. Du hast Donnerstag richtig geleuchtet, als du davon erzählt hast. Jetzt gerade auch. Weißt du, wenn ich mit dir zusammen bin, dann mochte ich dich auch ganz begreifen können, fühlen was du fühlst und mitgehen können. Und das kann ich da einfach nicht. Ich habe das nie kennengelernt und für mich ist Kirche einfach nichts. Ich finde schon Kirchen als Gebäude eher gruselig. Und gleichzeitig habe ich den

Eindruck, dass ich da bei einem ganz wichtigen Teil von dir nicht dabei bin. Verstehst du, was ich meine?«

Passendes Setting, tieferes Gespräch

Ich kann an dieser Stelle natürlich nur für mich und nicht für Daniel sprechen, aber ich glaube schon ahnen zu können, was Jasmin meint. Erinnert mich ein bisschen an die Treue-Diskussion von Stefan und Kerstin im ersten Kapitel. Da ging es ja um diesen Anspruch an die Beziehung, dass man füreinander das Ein und Alles ist. Aus der gleichen Logik stammt auch der Wunsch, den anderen ganz nachvollziehen zu können – sich zu 100 % in ihn reinzuversetzen. In allen Themenbereichen auf derselben Wellenlänge surfen und die Dinge auch so fühlen zu können wie er oder sie.

Auch dieses Ideal hat Anknüpfungen zu den Liebesgeschichten, die wir aus Songs, Filmen und Büchern kennen: Sobald die Hauptfiguren ein Paar sind, erleben beide zwar nicht immer das Gleiche, sind aber mit dem gleichen Thema befasst. Selbst wenn er sich nur um seine Karriere kümmert und sie gerade zu sich findet – Klischee bediene dich –, dann ist das der Auftakt für ein gemeinsames Thema: »Wir entfernen uns voneinander.« So oder so durchleben beide die gleiche Phase, schon allein aus dramaturgischen Gründen.

In der Realität sieht das etwas anders aus: Jeder Mensch ist erstmal ein in sich funktionierendes System. Alles, was ich erlebt habe, was ich dabei gefühlt habe, mit wem ich

Dinge erlebt habe, lagert sich in diesem System ab. Man nennt es auch Persönlichkeit, Innerstes oder Charakter. Es sorgt für meine Grundstimmung, wie ich auf bestimmte Themen oder Reize reagiere, was mir wichtig ist und vieles mehr. Zu diesem Inneren kann ich keinem Menschen der Welt den kompletten Zutritt verschaffen. Wir haben eben unsere eigene Geschichte, in und mit der wir leben. Bei Konzerten gibt es die Access-All-Areas-Pässe, mit denen Mitarbeiterinnen, wie der Name schon sagt, in jeden Raum des Veranstaltungsortes kommen. Solche Ausweise könnten sich aber selbst Robert und Claudia nach ihren vielen Ehejahren nicht füreinander ausstellen. Ich werde mich nie genauso fühlen können wie jemand anderes.

Wenn ich mit jemandem ähnliche Erfahrungen teile, nähern wir uns an. Dafür spricht die Tatsache, dass Paare nach längerer Beziehungszeit häufig Redewendungen voneinander übernehmen oder die Sätze des anderen vollenden können. Da geschieht ganz unbewusst der Versuch, eine gemeinsame Welt entstehen zu lassen. Das bleiben aber letztlich alles Annäherungen: Du kannst nicht aus deiner Haut heraus und ich nicht aus meiner. Sich erklären, sich einfühlen, genau zuhören, konkret benennen, nachfragen – all diese Strategien, bei denen wir in den letzten Kapiteln gesehen haben, wie wichtig sie für wertschätzende Kommunikation sind, helfen einem nur, sich anzunähern.

Bei Jasmin und Daniel kommt erschwerend hinzu, dass Jasmin die Erfahrungsebene völlig fehlt: Sie wird nie nachvollziehen oder nachspüren können, was die Atmosphäre eines Pfarrheims für Daniel bedeutet und welche Erinnerungen das auslöst. Das wird für sie immer ein muffiger

70er-Jahre-Bau sein, dessen Innenarchitekt vorher offenbar gegen Ästhetik geimpft wurde. Eine feierliche Christmette mit laut geschmettertem Gloria und Weihrauch, die in Daniel alte Geschichten wieder wach werden und ganz bestimmte Gefühle aufpoppen lässt, wird für sie immer eine vergleichsweise langweilige Mischung aus Vorlesestunde und Mitmachkonzert inklusive Geruchsbelästigung sein.

Jetzt können die beiden das ganz fatalistisch sehen, so wie es sich zum Schluss auch angedeutet hat. Oder sie begreifen es als großen Schatz füreinander, als Besonderheit des anderen und auch als Entlastung. Das Wissen, dass ich meinen Partner oder meine Partnerin nie zu 100 % nachvollziehen kann, entlastet auch, gerade weil ich mein Gegenüber oft so gar nicht nachvollziehen kann.

Uns hilft dabei, was sich schon bei Julia und Christian im dritten Kapitel bewährt hat, erst einmal davon auszugehen, dass das, was er oder sie tut und fühlt, Sinn ergibt. Ich kann sogar eine wahre Bereicherung darin finden, dass mein Partner eine Welt mit sich trägt, von der ich durch diese Person zumindest einen kleinen Eindruck, einen kleinen Geschmack bekommen kann! In vielen Beziehungsratgebern oder -zeitschriften ist davon die Rede, dass man immer auch ein Geheimnis für den anderen sein soll. Da sage ich: Keine Sorge, das bleibt ihr ganz automatisch füreinander! Geht gar nicht anders. Wichtiger und reizvoller ist es, sich einzulassen auf dieses Undurchsichtige und immer wieder nachzufragen: Warum ist dir das so wichtig? Was ist für dich das Besondere daran?

Dann können selbst so elementare Unterschiede wie die

im Glauben als eine Erweiterung der eigenen Perspektive erlebt werden. Ich kann dich zwar nicht zu 100 %, aber immerhin etwas besser nachvollziehen.

Was Glaube mit einer Liebesbeziehung zu tun hat?

Glaube ich ganz fest an unsere Liebesbeziehung und damit an uns und dich?

Oder ist mein Glaube wie eine Liebesbeziehung, die Vertrauen, Zutrauen und Zuneigung braucht?

WAS DEN BEIDEN BEIM REDEN GEHOLFEN HAT

- Ein passendes Setting für das Thema auswählen.
- Wenn es um ein persönliches und wichtiges Thema geht, hilft ein ruhiger Raum mit wenig Ablenkungen und ausreichend Zeit. Das ist kein Kitsch, sondern unbedingte Voraussetzung.
- Außerdem: dafür sorgen, dass beide gerade fit genug für Themen sind, die schwer wiegen.

Salomos Lied

Manchmal ist es auch nicht ganz eindeutig, ob es um Glaube oder Liebesbeziehung geht. Wie in dem berühmten Hohelied der Liebe. Schon mal nachgelesen?

»Mit Küssen seines Mundes küsse er mich. Süßer als Wein ist deine Liebe.
Köstlich ist der Duft deiner Salben, dein Name hingegossenes Salböl; darum lieben dich die jungen Frauen.
Zieh mich her hinter dir! Lass uns eilen! Der König führt mich in seine Gemächer. Jauchzen lasst uns, deiner uns freuen, deine Liebe höher rühmen als Wein. Dich liebt man zu Recht.« (Hld 1,2–5)

PS: Das war nur ein kleiner Ausschnitt.

Freundschaft

Warum man Vermeidungsstrategien besser vermeiden sollte

Freunde sind ein Segen für jede Beziehung, können aber auch Zeit und Energie kosten. Lautet deshalb das Motto »Wir beide gegen den Rest der Welt« oder »Guten Freunden gibt man auch mal etwas von seiner Zeit ab«? Julia und Christian klären das heute, wenn auch ungeplant.

Ich habe Jasmin und Daniel jetzt mal wieder allein gelassen. Ist auch schon wieder Abendessenszeit. Also gehe ich wieder zu Julia und Christian. Denn die nutzen diesen Sonntagabend, um zu zweit zu essen, nachdem die Kinder eingeschlafen sind. Nach dem Essen schalten sie pünktlich den Tatort ein. Bereits kurz nach dem Vorspann klingelt allerdings Christians Handy und er verschwindet kurz zum Telefonieren.

»Gut, dann schauen wir den halt nachher in der Mediathek«, denkt sich Julia noch. Als Christian wieder zurückkommt, ahnt sie schon, dass es heute Abend mit der sonntäglichen Mordschau nichts mehr wird.

»Das war der Michael. Den habe ich ja schon ewig nicht mehr gesprochen. Hat viel erzählt. Bei dem passiert gerade einiges im Leben. Der würde uns gerne mal wieder treffen und hat nächste Woche Donnerstag vorgeschlagen.«

»Mhm«, sagt Julia in einer Tonlage, die ihre Begeisterung auf einer Skala von 0 bis 10 bei circa -2 einordnet.

»Also ich hätte da Bock drauf. Und Zeit hätten wir am Donnerstag, glaube ich, auch beide. Wie sieht's mit dir aus?«

»Die nächste Woche ist schon ziemlich voll. Ich glaube, das ist mir echt zu stressig bei den ganzen anderen Terminen, die wir da schon haben.«

Christian schaut sie enttäuscht und ein bisschen genervt an: »Ernsthaft? Nur weil am Montag Elternabend ist und wir am Samstag zu deinen Eltern fahren?«

»Ja, das wird mit den Kindern schon stressig genug.«

»Echt? Schon wieder alles zu stressig? Ich fänd' das echt schade, wenn der Kontakt zu Micha abbricht, nur weil

die feine Dame eine Woche Reha braucht, wenn sie sich auf das politisch schwierige Parkett eines Elternabends begibt. Weißt du, was der Typ mir bedeutet?«

»Klar, da wird der Michael natürlich direkt eine jahrelange Freundschaft in die Tonne treten, wenn ich mal an einem Donnerstagabend nicht kann, wegen dem er ein paar Tage vorher anruft. Mir ist das einfach zu anstrengend. Auch wenn Cem und Petra wieder da sind, wird das irre anstrengend auf der Arbeit. Ich muss die erstmal wieder auf den Stand bringen und dafür auch mal länger bleiben müssen. Ich brauche auch mal ein bisschen Ruhe und muss Energie auftanken. Du weißt genau, wie stressig die Phase für mich gerade ist, und kommst mit deinen Kumpeleien an, als würde da sonst was von abhängen.«

Christian kratzt sich seinen Vollbart: »Meine Güte, du hast recht. Wirst du es überhaupt schaffen, diese Woche zu überleben? Montags Elternabend und Samstagausflug – das ist ja unmenschlich! Ich muss direkt meine Mutter anrufen und fragen, wie sie das früher überlebt hat.«

Christian und Julia starren sich einen Moment an. Das war selbst für die beiden Ironie-Experten eine Prise zu viel. Julia findet als Erstes ihre Sprache wieder und gibt sich geschlagen: »Tut mir leid. Du hast recht. Ich stelle mich da wirklich gerade ziemlich an. Sag' Michael zu, dass wir beide Zeit haben.«

»Nein das ist doch Quatsch«, antwortet Christian versöhnlich. »Stimmt schon: Wir sollten die Abende nicht unnötig vollknallen mit Terminen und uns dann nachher wundern, wenn wir kurz vorm Burn-out stehen. Ich schicke ihm eben eine Sprachnachricht und sage ihm ab, okay?«

»Echt per Sprachnachricht? Das machst du bei mir auch schon, wenn du mir was Negatives mitteilen willst. Findest du das nicht irgendwie feige?«

Bloß nicht drüber reden!

Kennt man! Diese Sehnsucht nach einer Pause-Taste in Gesprächen. Die hätte ich hier auch gerne. Zusammen mit ein paar Eiswürfeln, um Christian und Julia ein bisschen runterzukühlen. Aber was ist hier eigentlich genau passiert? Ein ganz schön hitziges Konfliktgespräch haben sich die beiden da geliefert, oder? Wobei – wirklich? Ein Konfliktgespräch? Bei genauerem Hinsehen wird deutlich: Die beiden haben eigentlich jegliche ernsthafte Diskussion erfolgreich verhindert und abgeblockt. Oder haben sie etwa richtige Argumente ausgetauscht oder ihre Bedürfnisse geklärt? Die Antwort lautet leider: nein – bestenfalls haben sie zwischendurch mal Bedürfnisse genannt. Das war es dann aber auch schon. Grundsätzlich ist das auch verständlich, denn auf die Bedürfnisse des anderen einzugehen und mit den eigenen in Abstimmung zu bringen, erfordert Feingefühl und ist anstrengend. Da ist es im Alltag sehr verlockend, solche Prozesse gleich zu sabotieren.

Ich unterstelle den beiden gar nicht, dass sie das bewusst oder mit großer Absicht getan haben. Das gilt übrigens auch für die anderen Situationen, die in diesem Buch schon vorgekommen sind. Vieles passiert einfach im Affekt, wenn man nicht aufpasst. Und hier kamen gleich mehrere Vermeidungstechniken zum Einsatz:

Zunächst die offensichtlichste, die dauerhaft genutzt wird: die Ironie. Grundsätzlich ein wunderbares Humor- und Stilmittel. Wer sich durch die vergangenen Kapitel gearbeitet hat, dem ist vielleicht unter Umständen (aber nur ganz eventuell!) aufgefallen, dass ich die auch gerne mal nutze. Es spricht grundsätzlich auch überhaupt nichts dagegen. Wenn es allerdings um Konfliktthemen geht oder ein Gespräch in Richtung Konfliktgespräch tendiert, muss die Ironie auf die Auswechselbank. Die verhindert nämlich sehr nachhaltig, dass ich und meine Bedürfnisse greifbar werden. Ich kann mich im Zweifelsfall immer hinter ihr verstecken. Sobald mein Gegenüber versucht, mich auf eine meiner Aussagen festzulegen, kann ich triumphierend und wieder ironisierend sagen: »Klar, das war natürlich total ernst gemeint! Haha!« Und weil mein Gegenüber intuitiv um diese Gefahr der Bloßstellung weiß, verhindere ich so auch relativ zuverlässig, dass er oder sie überhaupt versucht, mich beim Wort zu nehmen. Wenn beide Beteiligte – wie in diesem Gespräch – diese Technik nutzen, ist keiner mehr greifbar und beide bewegen sich keinen Zentimeter aufeinander zu.

Sowohl Christian als auch Julia beweisen sich hier außerdem sehr gut in den Techniken Runterspielen und Übertreiben. Wenn Christian sein Bedürfnis nach Freundschaftspflege und seine Angst vor dem Verlust der Freundschaft formuliert, dann tut er tatsächlich ein bisschen so, als würde die gesamte Freundschaft vom Treffen am Donnerstag abhängen. Ich kenne diesen Michael jetzt nicht, wage aber zu behaupten, dass Christian etwas mehr in die Waagschale legt, als das Treffen tatsächlich wiegt. Julia spielt diesen Aspekt herunter, indem sie Christian oberflächliche Kumpelei unterstellt und ihr Ruhebedürfnis in den Vordergrund stellt. Sie kommuniziert damit auch zwischen den Zeilen, dass sie seine Bedürfnisse nicht ernst nimmt. Bei Julias Ruhe- und Regenerationsbedürfnissen wird ebenfalls fast ausschließlich übertrieben oder runtergespielt – nur dieses Mal mit vertauschten Rollen. Julia erklärt in kleinsten Details, was sie alles noch zu tun hat und Christian signalisiert ihr sinngemäß: Jetzt stell dich nicht so an! Damit verhindern beide, dass ihre jeweiligen Bedürfnisse ernstgenommen und konstruktiv zum Thema gemacht werden können.

Christian nutzt dann noch sehr elegant etwas, das ich den diskussionstaktischen Vergleich nenne: Egal, welches Bedürfnis jemand äußert, es wird sich immer jemand finden, bei dem das noch weniger beachtet wird und der entsprechend noch bedürftiger ist. In diesem Fall muss dann eben seine Mutter herhalten. Eine simple, aber auch perfide Methode, einem Bedürfnis einfach seine Legitimation zu entziehen. Um sich die Absurdität dieser Methode vor Augen zu führen, hilft dieser makabre Dialog: »Julia, ich glaube, ich habe mir den Arm gebrochen, wir müssen sofort zum Arzt.« Dann antwortet der Daniel: »Pfff, Arm gebrochen! Was soll meine Mutter mit ihrem Krebs da sagen?«

Gegen Ende lernen wir dann noch eine Pseudolösung für Konflikte kennen, mit der Julia anfängt und auf die Christian dann gerne einsteigt: einlenken. Julia entschuldigt sich schnell und gibt ohne jeden Widerstand ihr Einverständnis zur Verabredung. Christian wiederum bietet mit derselben Demut eine Absage an. Viele würden jetzt vielleicht sagen: »Wo ist das Problem? Ist doch super, wenn beide kompromissbereit sind!« Wäre es auch, aber was da passiert ist, hat nichts mit Kompromissbereitschaft zu tun. Beide haben, wenn auch in übertriebener Art und Weise, sehr elementare Bedürfnisse kommuniziert. Und innerhalb weniger Sekunden haben sich diese Bedürfnisse plötzlich in Luft aufgelöst oder sind nicht mehr da? Wohl kaum. Die beiden beweisen damit nur noch einmal, dass sie konfliktscheu sind. Getreu dem Grundsatz: Bevor wir ernsthaft über unsere Bedürfnisse reden und die in Abgleich bringen, was mit Selbstoffenbarung, Anstrengung und echter Kompromissbereitschaft einhergeht, ignorieren wir lieber unsere Bedürfnisse und geben nach. Das ist ein süßes Gift, weil es kurzfristig zu funktionieren scheint. Aber ein Ignorieren der eigenen Bedürfnisse über einen längeren Zeitraum rüttelt an der Basis einer Beziehung. Wo meine Bedürfnisse nicht stattfinden, fühle ich mich auf Dauer nicht wohl. Deshalb fühlen sich solche faulen Kompromisse in der Regel auch für keinen von beiden sonderlich gut an.

Am Schluss gibt es dann noch einmal einen Klassiker unter den Vermeidungstechniken: Bevor doch noch eine ernsthafte Diskussion über das Thema auftaucht, lenkt Julia ganz schnell vom Thema ab. Wenn auch mit einem nächsten potenziellen Konfliktherd.

Zwischen Zeitmanagement und Eifersucht

Zeitsprung: Es ist Donnerstagabend. Michael ist den beiden auf eine gewisse Art und Weise zuvorgekommen. Er ist nämlich krank. Das hat einen großen Vorteil für Julia und Christian: Sie haben Zeit für ein ausführliches Gespräch. Beide sitzen auf der Retro-Couch, die ihr Wohnzimmer ziert. Den Tag haben beide einigermaßen entspannt überstanden und die Kinder sind zufrieden eingeschlafen. Bedingungen für ein Gespräch, die sich Jasmin und Daniel im fünften Kapitel sicher auch schon am Anfang gewünscht hätten. Beide haben gemerkt, dass da noch etwas offen ist bei dem Thema.

»Magst du mir einmal erklären, was dir an dem Treffen mit Michael so wichtig war? Ich habe den Eindruck, dass es dir da um mehr geht, als nur um diesen Abend.« So eröffnet Julia das Gespräch. Wer nachvollziehen will, wie gut diese Frage formuliert ist, erinnert sich einfach kurz an die ersten Kapitel. Für alle Vergesslichen: Die Frage ist konkret, bekundet offenes Interesse, bleibt bei der eigenen Wahrnehmung und unterstellt Michael grundsätzlich, dass sein Verhalten Sinn ergibt.

»Ich glaube, das kommt so ein bisschen daher, dass ich den Eindruck habe, meine Freunde immer weniger zu sehen. Mir tut das nämlich unglaublich gut, um zwischen Alltag und Arbeit immer mal wieder den Kopf frei zu kriegen oder sich mal auszuquatschen. Und vor allem: Leute wie Michael oder auch Sonja sind mir einfach wichtig.«

»Natürlich ist es schön, Zeit für seine Freunde zu haben. Aber so ist das nun mal mit Kindern und Job, das kostet ein-

fach Zeit. Und für mich sind so entspannte Abende mit dir einfach irre wichtig. Da finde ich es schon legitim, wenn es auch mal eine Zeit gibt, in der wir nur sehr wenige Termine festmachen. Für mich ist das schnell mehr zusätzlicher Stress als rauskommen oder Kopf freikriegen. Und ehrlich gesagt hört sich das für mich bei dir gerade so an, als wäre das hier so schrecklich, dass du deine Freunde schon als Zuflucht aufsuchst.«

»So habe ich das nicht gemeint. Mir ist ja auch schon klar, dass es nicht mehr so häufig gehen kann wie früher. Aber in letzter Zeit war es echt schon hart wenig. Das wirkt auf mich jetzt aber gerade so, als wärst du eifersüchtig darauf, dass ich was mit Freunden machen will. Kann das sein?«

Man merkt, dass Julia sich das gerade nicht gerne eingestehen möchte, aber in der Gesprächsatmosphäre, die hier entstanden ist, geht selbst das. Trotzdem spricht sie langsamer als sonst und nicht so bestimmt: »Schau mal, wenn du zum Beispiel mit Michael über Filme sprichst, dann bist du voller Energie. Wenn du mit mir über Filme sprichst, rollst du vor allem mit deinen Augen und bist so begeistert wie bei deiner letzten Wurzelbehandlung. Das wirkt ein bisschen so, als würde ich dir dann nicht genügen.«

Christian versucht jetzt, so vorsichtig wie möglich zu formulieren: »Naja, mit deiner Ahnung von Comic-Verfilmungen kann man jetzt nicht gerade ein Lexikon füllen.« Zugegeben, das hätte charmanter kommen können. Aber Julia versteht schon, was er sagen will.

»Genau das meine ich ja. Ich höre echt genau hin, wenn du erzählst. Aber irgendwie funktioniert das trotzdem nicht.

Ich kann mir diese ganzen Regisseur-Namen einfach nicht merken. Und ich kann dafür mit dir einfach nicht so gut über Umweltthemen reden wie zum Beispiel mit Carina.«

Christian hat jetzt ein kleines Fragezeichen im Gesicht stehen: »Ähm, es interessiert mich eben nicht so sehr. Aber das ist ja genau das, was ich meine: Dann sprich darüber gerne mit Carina, ist doch gut so.«

»Ja, aber was wirft das denn für einen Blick auf unsere Beziehung«, wendet Julia enttäuscht ein, »wenn du über Filme immer mit Michael und ich über Umwelt oder Krankenhausthemen immer mit Carina sprechen muss?«

»Ich finde das eigentlich ganz praktisch: Wenn ich über Filme sprechen will, treffe ich mich mit Fabian, wenn ich feiern gehen will, treffe ich mich mit den Jungs, sporteln geht mit Jens gut und mit Sonja kann man einfach total gut und lange über alles quatschen. Die kenne ich nun mal seit der Grundschule. Das ist ja genau das, was mir in letzter Zeit so fehlt.« Als Sonjas Name fällt, kann man in Julias Augen kurz beobachten, wie es aussieht, wenn ein Raubtier seine Beute fokussiert. Ob das dieselbe Sonja ist, wie die bei Kerstin und Stefan?

»Na super. Sind die Kinder und ich auch Teil deiner Mannschaft? Oder sind wir mehr die Einwechselspieler, wenn Michael, die Jungs, oder Sonja gerade mal keine Zeit haben?«

Das irritiert Christian jetzt doch ein wenig: »Willst du mir jetzt unterstellen, dass wir beide zu wenig Zeit miteinander verbringen oder ich nicht für die Kinder da bin? Außerdem habe ich dich schließlich nicht ohne Grund gefragt, ob du mitkommen willst.«

»Nein, das klang gerade nur so komisch mit diesem Mannschaftsding. Zieht ihr mal wieder allein los. Das tut euch gut.«

»Ok. Und für dich ist das wirklich cool?«

»Ich muss mich da schon ein bisschen an den Gedanken gewöhnen, dass du das brauchst. Aber das ist wirklich in Ordnung. Nur: Wenn wir in Zukunft über Filme sprechen, kannst du dann versuchen, mit etwas mehr Geduld dabei zu sein und nicht so schnell die Augen zu rollen? Das mache ich schließlich auch nicht bei deinen merkwürdigen Theorien über die Umwelt.«

»Ich versuche es.«

Freunde: Stressfaktor oder Lebenselixier?

Da hat sich gerade eine Menge bewegt. Die beiden scheinen Diskussionskultur durchaus zu können, wenn sie wollen und der Rahmen stimmt. Und das obwohl es mehrfach die Möglichkeit gegeben hätte, sich in Ironie zu flüchten. Auch zum Runterspielen oder Übertreiben hätte es viele Chancen gegeben. Das ist zum Glück nicht passiert. Zum Schluss kam deshalb auch kein fauler, sondern ein echter Kompromiss dabei heraus. Das merkt man unter anderem daran, dass die beiden ihre Bedürfnisse bis zuletzt nicht ignoriert haben.

Die Lösung lautet dann eben nicht: »Alles klar, ab jetzt ziehe ich jeden Abend mit dir und deinen Leuten los und mir ist egal, wie du mit denen sprichst.« Und genauso wenig: »Gut, dann ab jetzt jeden Abend zu Hause.« Julia wird auch nicht zum Fan von Comicverfilmungen und Christians Mitgliedschaft im Naturschutzbund wird wohl auch noch ein bisschen auf sich warten lassen. Julia versucht, Christian, mehr Freiheiten mit seinen Freunden zu lassen, ist aber selbst nicht dabei. Christian verspricht ebenso nur das, was er kann: Er versucht geduldiger zu sein. Ja, das sieht erst einmal aus wie sehr kleine Trippelschritte, aber so funktionieren zwischenmenschliche Beziehungen nun einmal. Aussagen wie »ab morgen wird alles anders« sind in der Realität keine heroischen Versprechungen, sondern Warnsignale.

Es muss übrigens nicht zwangsläufig auf einen Kompromiss hinauslaufen. Nicht immer ist die Mitte der goldene Weg. Sobald in einer Beziehung die Vorstellungen auseinanderliegen, kann es auch eine Lösung sein, festzustellen: »Ich sehe das grundlegend anders als du. Aber weil ich merke, was für ein wichtiges Bedürfnis dir das ist, werde ich das akzeptieren und mittragen.« Angenommen, Julia möchte unbedingt den Rucksack-Trip durch Südostasien machen, Christian aber lieber mit dem Auto durch die USA, dann könnten die beiden sich natürlich in der Mitte – also Deutschland – treffen. Oder einer von beiden lässt sich einmal auf die Wünsche und Bedürfnisse des anderen ein. Auch das gehört dazu, wenn man einen Menschen ganz annimmt. Ich kann mir meine Partnerin oder meinen Partner eben nicht einfach backen oder nach Lust und Laune erziehen – egal wie häufig Menschen das unter Einfluss von ein paar Gläsern Rotwein behaupten.

Das Thema Freundschaft wird vor allem mit zunehmender Dauer und größerer Verbindlichkeit in der Beziehung relevanter. Gerade wenn das Leben um einen herum komplexer und zeitaufwendiger wird, etwa durch Anforderungen im Job, durch Familiengründung oder Hausrenovierung, gibt es bei vielen Paaren eine Tendenz, sich verstärkt in der eigenen Paarbeziehung zu verkriechen. Das ist meistens auch entspannter, als sich um Freundschaften zu kümmern. Vor allem, wenn die Lebenswirklichkeit von alten Freunden ganz anders aussieht, etwa weil sie keine Kinder haben.

Das ist auch für jedes Paar ein wichtiger Rückzugsraum. Julia empfindet die Abende zu Hause nicht ohne Grund als wichtige Kraftquelle oder eine seltene Gelegenheit, um einfach mal Zeit zu zweit zu haben. Freundschaften erhalten da ganz automatisch einen anderen Stellenwert.

Wichtig ist hier, die Kurve zu bekommen. Denn eine Beziehung, so innig sie auch sein mag, kann keinen Menschen zu 100 % ausmachen und alle seine Bedürfnisse bedienen. Wer in der Beziehung alles sucht und das am besten auch noch immer, zwingt ihr Anforderungen auf, die sie kaum bedienen kann. Dann müsste Julia nämlich auch alles für Christian sein: bester Kumpel, Filmfan, Zuhörerin bei sämtlichen Themen, Saufkumpanin, Feierbiest, Clown, Seelsorgerin, Beraterin in allen Lebenslagen usw. Ist eine nette Idee, klappt häufig aber nicht. Hier die gute Nachricht: Muss es auch nicht.

Ist es nicht eine wunderbare Entlastung, zu wissen, dass die Beziehung diesen Anforderungen gar nicht genügen muss? Julia kann sich anstrengen, wie sie will: Auf dieselbe Art und Weise, wie seine Schulfreundin Sonja oder sein bester Freund Michael wird sie mit Christian nie sprechen können. Warum auch? Es kommt sogar noch schlimmer: Über gewisse intime Details, die Kerstin vielleicht mit ihren engsten Freundinnen austauscht, wird Christian mit ihr nie genauso erfahren reden können, wie die Freundinnen es tun. Er ist nun einmal keine Frau!

Eine schöne Pointe liegt außerdem darin: Egal, ob die engsten Freundinnen, Michael oder Sonja – all diese Menschen haben Julia und Christian zu den Menschen gemacht, in die sie sich gegenseitig verliebt haben. Ist doch gar nicht mal so schlecht, die da noch ein bisschen weitermachen zu lassen, oder?

Gleichzeitig ist Christians Tendenz, sich für sein Leben eine Art Startelf wie beim Fußball zusammenzustellen, ein bisschen schräg. Denn für unsere Beziehungspartnerinnen und -partner gilt an dieser Stelle das Gleiche wie für die Freunde: Jede und jeder möchte als ganzer Mensch geliebt und gemocht werden und nicht nur für die eine Eigenschaft, die dem anderen gerade ganz gut reinpasst.

Das Ganze bleibt ein Balance-Akt, der aber eben ein sehr schöner sein kann. Jede Beziehung braucht Räume und Ruhezonen, in denen sie auftanken kann. Gleichzeitig bereichern Freunde und die Zeit, die man mit ihnen verbringt, eine Beziehung. Sei es, weil man mit ihnen Erinnerungen teilt oder neue schafft, sie besondere Interessen haben oder einfach, weil es wichtige Menschen sind, die beide begleiten.

WAS DEN BEIDEN BEIM REDEN GEHOLFEN HAT

- Vermeidungsstrategien vermeiden.
- Wenn sich eine Diskussion anbahnt, haben Ironie, Übertreibungen, Runterspielen, Pseudo-Einlenken, diskussionstaktische Vergleiche oder Ablenkungsstrategien einfach mal Pause.

Mein analoges soziales Netz-werk

In sozialen Netzwerken sind meine Freunde ja einfach nur Teil einer Liste. Die wird bestenfalls noch dadurch sortiert, wie häufig ich mit ihnen interagiere. Etwas vielschichtiger sind Freundschaften ja schon. Deshalb baust du dir hier jetzt ein analoges Netzwerk. Streng genommen sogar zwei, die nach demselben Schema funktionieren. Überlege dir, welche Personen für deine persönliche Entwicklung besonders wichtig waren und es vielleicht auch noch sind. Die kannst du dann innerhalb der Kreise verteilen. Je näher du sie einträgst, desto wichtiger sind sie für dich. Darunter sind leere Linien. Schreibe hier jeder dieser Personen eine Botschaft zu. Was hat sie dir mitgegeben? Was ist dir daran besonders wichtig?

Diese Botschaft muss nicht von der Person so formuliert worden sein. Ein Beispiel: Es gibt eine Trainerin, die dich immer wieder durch harte Disziplin an deine Grenzen gebracht und diese dadurch erweitert hat. Dann könnte ihre Botschaft lauten: »Du kannst mehr, als du denkst.« Vielleicht hat sie das aber auch auf eine Art getan, bei der die Botschaft eher lautet: »Gib nicht so schnell auf!« Oder: »Ich glaube an dich!«

In dem zweiten sozialen Netzwerk mit dem »Wir« in der

Mitte, passiert dasselbe mit Blick auf eure Paarbeziehung. Wer war hier für eure Entwicklung wichtig? Welche Botschaft haben die Personen euch mitgegeben?

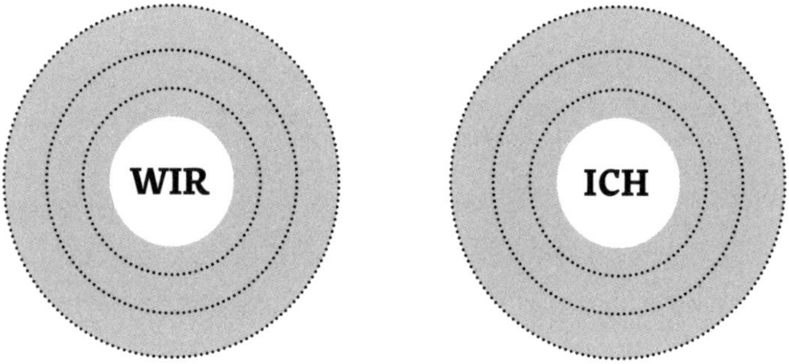

Gefühle

Was der Unterschied zwischen ›gleichem‹ und ›ergänzendem‹ Kommunikationsverhalten ist

Gefühle sind mindestens zwei Dinge für jede Beziehung: der Grund, warum sie zustandegekommen ist, und ihr größtes kommunikatives Minenfeld. Kann ich über Gefühle reden, ohne in Gefühlsduselei zu verfallen? Claudia und Robert erleben es.

Es ist wieder Sonntag. Claudia und Robert gehen heute eine Runde spazieren. Es ist schließlich sonnig – und das, obwohl wir Ende Oktober haben! »So ist das also, wenn man den Sonntagnachmittag nicht verschwendet.« Claudia ist wieder merklich zu ihren typischen Kommentaren aufgelegt. Aber mit jedem Meter, den die beiden gehen, bemerkt Robert, wie viel Mühe sie sich gerade geben muss, um ihre gewohnten Sprüche zu bringen. Die Leichtigkeit, die sie sonst dabei versprüht, fehlt gerade. Irgendwann versucht Robert, es anzusprechen: »Ist alles in Ordnung bei dir?«

»Klar, wieso?«

»Du wirkst irgendwie unterschwellig angespannt.«

»Ach quatsch, alles in Ordnung«, entgegnet Claudia. Aber auch das kommt nicht authentisch rüber.

»Ich merke doch, dass da etwas ist. Tu doch nicht so!«

»Was heißt hier so tun? Ich bin doch ganz normal!« Schweigend gehen sie noch ein paar Schritte nebeneinander her. Alles um die beiden herum wird ruhiger und auch sie selbst. Irgendwann hält Robert es einfach nicht mehr aus: »Claudia, ich merke doch, dass du was hast. Das musst du mir sagen. So geht das nicht!«

»Mensch, jetzt lass mich doch mal mit deinem Gefühlskrempel mal in Ruhe. Nochmal zum Mitschreiben: alles gut!«

»Claudia, ich merke, dass das nicht stimmt. Du kannst mir erzählen, was du willst, aber ich spüre so etwas.«

»Oh ja, ich spüre hier gerade auch was. Scheint so, als ob mit dir etwas nicht stimmt, Herr Frauenversteher. Wieder zu viel Rosamunde Pilcher geguckt oder willst du von

etwas bei dir ablenken?«

»Mit mir ist alles gut, keine Sorge«, sagt Robert, überlegt nochmal kurz und schiebt dann nach: »Wie kommst du da denn jetzt drauf?«

»Na, weil du so komisch nachfragst. Das machst du sonst eigentlich nicht.«

»Wie gesagt: Bei mir ist alles gut.«

»Sicher?«

»Ja, ja.«

»Gut.«

»Mhm.«

›Gleich‹ kommunizieren oder ›ergänzend‹

Hier bekomme ich schon außergewöhnlich schnell das Gefühl, dass die beiden gerade nicht weiterkommen. Warum eigentlich? Das Setting des Gesprächs stimmt schon mal: Die beiden haben Zeit und die Umgebung ist ruhig. Robert steigt mit einer ehrlich interessierten Frage ein. Und doch offenbart sich im weiteren Verlauf des Gesprächs keiner so richtig.

Das Gespräch tröpfelt so ziellos vorbei, weil das Kommunikationsverhalten der beiden in diesem Fall ›gleich‹ und nicht ›ergänzend‹ ist – in Fachsprache ausgedrückt: ›symmetrisch‹ statt ›komplementär‹. Ausgedacht hat sich diese Begriffe der bekannte Kommunikationsforscher Paul Watzlawick. Dahinter steckt die folgende Idee: Es gibt Situationen, in denen es hilfreich ist, wenn das Kommunikationsverhalten von beiden Beteiligten ›gleich‹ ist. Stellen wir uns vor, die beiden würden gerade ein Spiel gegeneinander spielen und Claudia würde sagen: »Ha, ich mache dich in der nächsten Runde so was von fertig.« Sie hat den Wettbewerb aufgenommen und verhält sich vielleicht auch angeberisch. Dann wäre es in unserer Kultur ja durchaus üblich, mit ›gleichem‹ Verhalten zu reagieren: »Von wegen, du wirst dir noch wünschen, nie gegen den Großmeister angetreten zu sein!« Das wäre eine völlig legitime Antwort von Robert. Wenn er sich hier eher ›ergänzend‹ verhalten würde – »Stimmt, du hast recht. Du wirst wohl gewinnen. Ich kann das nicht so gut«, wäre das für ein Spiel eher unangebracht und würde den Reiz nehmen. ›Gleiches‹ Kommunikationsverhalten funktioniert wie ein Spiegel: Du gibst an, ich tue es auch. Du signalisierst »ich bin unverwundbar«, ich sage »und ich erst«. Das Paradebeispiel für den kommunikativen Wettbewerb, der dann entsteht, ist ein alter Werbespot, dessen Kernsatz es schon in unseren Sprachgebrauch geschafft hat: »Mein Haus, mein Auto, meine Frau.«

In Roberts und Claudias Situation ist ›gleiches‹ Verhalten allerdings ein Problem. Beide wollen gerade die starke Schulter oder der Fels in der Brandung sein, der verständnisvoll nach den Bedürfnissen des anderen fragt, selbst aber nichts preisgibt. Hier bräuchte es aber ›ergänzende‹ Kommunikation. Eine starke Schulter bringt nur etwas, wenn sich jemand findet, der sich anlehnt. Eine fragende Haltung bringt nichts, wenn keiner da ist, der Antworten geben will.

Ich höre schon die Einwände: »Aber wenn nun mal nichts ist?« Darauf antworte ich mal mit einer Binsenweisheit: Irgendwas ist immer. Es geht nicht darum, jemandem Probleme einzureden, die er oder sie gar nicht hat. Aber in jeder Lebenssituation gibt es Aspekte, die uns gefallen und guttun, und solche, die uns weniger guttun. Und die kann ich benennen, wenn ich gefragt werde. Claudia hätte zum Beispiel sagen können: »Ach, ich denke gerade an die Arbeit und muss da noch etwas planen. Aber keine Sorge, mir geht's eigentlich gut, ich muss das nur eben zu Ende denken.« Vielleicht fühlt sie sich einfach nur krank oder sie möchte gerade nicht über ihre Probleme reden. Ja, auch das kann sie einfach formulieren, dann weiß Robert, woran er ist. Stattdessen zeigt sie eben ein solches spiegelbildliches, also ›gleiches‹ Verhalten. Sie versucht sogar, Robert in die Rolle desjenigen zu zwingen, der sich offenbaren soll. Der reagiert dann mit der gleichen »Mach dir um mich mal keine Sorgen«-Attitüde. So entsteht ein kommunikativer Wettbewerb, der an dieser Stelle nicht weiterführt.

Wann ich mich ›gleich‹ und wann ich mich ›ergänzend‹ verhalte, ist vor allem in einer Paarbeziehung wichtig, aber oft auch schwer zu entscheiden. Denn es handelt sich ja häufig um unbewusste Prozesse. In vielen anderen Personenkonstellationen ist es durch unsere Kultur vergleichsweise klar geregelt, welches Verhalten in welcher Situation als »richtig« gilt. Wenn eine Lehrerin sagt: »So ist es richtig«, dann gehen wir erst einmal davon aus, dass ich mich als Schüler ›ergänzend‹ verhalte: zuhören und das Gehörte annehmen. Das Konzept, jemandem etwas zu erklären, funktioniert sonst einfach nicht. Ähnliche Konstellationen gibt es viele: Eltern-Kind, Chefin-Mitarbeiter, Polizist-Bürgerin.

Was sie alle verbindet: Eltern, Chefs und Polizistinnen verhalten sich in diesem kommunikativen Verhältnis übergeordnet (superior) und Kinder, Mitarbeiter und Bürgerinnen kommunikativ untergeordnet (inferior). Sicher gibt es in allen diesen Konstellationen auch Momente, in denen dann doch ›gleiches‹ stattfindet. Trotz der vermeintlich eindeutigen Rollenzuweisungen. Denn aufzwingen kann man weder ›gleiches‹ noch ›ergänzendes‹ Verhalten. Die Verhaltensmuster bedingen sich gegenseitig. Eine Lehrerin erklärt: »Am einfachsten geht der Dreisatz mit dieser Formel!« Ein mathematisch begabter Schüler könnte darauf auch ›gleich‹ antworten: »Mit dieser anderen Formel geht es viel leichter.« Dann hat die Lehrerin zwei Möglichkeiten: Sie kann wiederum mit ›gleichem‹ Verhalten reagieren und erklären, warum ihr Ansatz der einfachere ist, oder sie reagiert mit ›ergänzendem‹ Verhalten: »Spannend. Erkläre mir doch mal, warum deine Formel leichter ist!« Mit Letzterem würde sie dann inferior kommunizieren, was mitunter auch hilfreich sein kann. Aber egal, wie sie reagiert, der Schüler hat so oder so die Möglichkeit, seinerseits ›gleich‹ oder ›ergänzend‹ zu reagieren – ein Aufzwingen ist nicht möglich.

In Paarbeziehungen gehen wir nun zusätzlich davon aus, dass beide auf Augenhöhe agieren und dass es keine Statusunterschiede gibt. Trotzdem gibt es Situationen, in denen ›ergänzendes‹ Verhalten unumgänglich ist. Dafür ein Gefühl zu entwickeln, klingt leichter, als es in der Praxis ist: »Sollen wir nach Portugal in den Urlaub?« Wer hierauf mit »Klingt gut, gerne« antwortet, der verhält sich ›ergänzend‹. Ein »Ich fände Frankreich eine gute Idee«, das wäre ›gleich‹. Wenn die beiden das mit dem Urlaub irgendwie hinkriegen wollen, muss also irgendwann einer die ergänzende Haltung einnehmen.

In Paarkonstellationen gibt es immer wieder den Versuch, sich gegenseitig in ›ergänzendes‹ Verhalten zu drängen. Das geht übrigens in beide Richtungen. Ein »Du hast doch gar keine Ahnung davon, ich erkläre dir das mal«, das versucht die andere Person in die inferiore Position zu drängen. »Ach ich weiß auch nicht, entscheide du!« – das ist der Versuch, jemanden in die superiore Position zu drängen. Zweiteres kommt übrigens häufiger vor, als viele denken. Denn es ist eine schöne Möglichkeit, Verantwortung für das eigene Handeln loszuwerden.

In jeder Kommunikationssituation ist das eine oder andere hilfreicher. Und das ist auch noch von Paar zu Paar verschieden. Es gibt leider keine goldene und eindeutige Regel dafür. In langjährigen Beziehungen lässt sich aber beobachten, dass beide mit der Zeit intuitiv lernen, wann ›gleich‹ und wann ›ergänzend‹ angesagt ist.

Was schon vorher eine Menge bringt: Sich dieses Effektes bewusst zu sein und in Kommunikationssituationen immer wieder mal zu überlegen, ob eine ›gleiche‹ oder eher eine ›ergänzende‹ Haltung gefragt ist.

Ein emotionaler Spaziergang?

Der Spaziergang zieht sich. Nicht nur, weil die beiden sich eine ordentliche Strecke vorgenommen haben – es soll sich schließlich lohnen –, sondern auch, weil es sehr lange sehr ruhig bleibt. Dieses Mal ist es Robert, der sich zuerst einen Ruck gibt: »Tut mir leid, wenn ich da eben zu viel gebohrt habe. Ich wollte dich zu nichts drängen. Ich hatte nur den Eindruck, dass du irgendwie angespannter bist als sonst. Da hatte ich Angst, ich hätte was falsch gemacht. Deshalb wünsche ich mir, ehrlich gesagt, schon eine Antwort.«

»Das habe ich schon vermutet«, antwortet Claudia vorsichtig, »und die Nachfrage war eigentlich auch total gut. Das Absurde ist: Mir ging es genau darum, dass du mal genau das erzählst, was du vorhin von mir hören wolltest.«

Ich höre die Zahnräder in Roberts Gehirn regelrecht arbeiten: »Bitte, was?«

»Du wolltest doch im Prinzip wissen, wie es mir geht, oder? Was mich so umtreibt?«

Robert: »Genau. Weil ich dich so komisch wahrgenommen habe.«

»Ja, und was mich so umtreibt, das ist, dass ich nicht weiß, was dich eigentlich so umtreibt. Wie es dir geht! Du hörst dir zwar alles Mögliche von mir an und machst und tust, aber ich kann überhaupt nicht einschätzen, wie es dir eigentlich geht.«

»Gut«, antwortet Robert so richtig geschwätzig. »Mir geht's eigentlich meistens gut.«

»Das habe ich verstanden. Und das ist ja auch wirklich schön...«

»Soll ich jetzt wieder Gefühle haben oder so?«

»Ich kann dir gerne gegen das Schienbein treten, wenn du welche brauchst.« Claudias Sprüche-Zentrum funktioniert offenbar wieder – beruhigend.

»Aber im Ernst«, fährt sie fort, »ich habe das Gefühl, dass ich kaum etwas von dir mitkriege.«

»Ich erzähle doch schon ziemlich viel, findest du nicht? Du kennst alle spannenden Stories von der Arbeit und wie sich Michael letzte Woche nach dem Sport und fünf Feierabendbierchen noch ans Steuer setzen wollte, habe ich dir auch in allen Details erzählt«, betont Michael.

»Schon klar. Ich meine aber was anderes. Mir geht's darum, wie es da drinnen bei dir aussieht. Ich weiß nicht, wie es dir gerade geht. Ist das in Ordnung für dich, dass du gerade so viel zu tun hast auf der Arbeit? Gefällt dir das, so gebraucht zu werden, bist du sogar geschmeichelt? Oder hast du keinen Bock mehr und bist in der innerlichen Kündigung? Und wie ist das mit uns? Bist du glücklich damit, wie es gerade läuft? Hast du Träume für uns? Oder für dich? Wie geht's dir mit uns?«

»Puh«, sagt Robert und dann relativ lange nichts. Und dann: »Also der Reihe nach. Das mit der Arbeit finde ich eigentlich gut. Ich bin da ja jetzt auf dieses Projekt mit Michael und Miriam gesetzt worden und ich glaube, dass das echt gut wird. Miriam hat sehr viel Erfahrung in dem Bereich und Michael bringt viele frische Ideen rein. Wir brauchen trotzdem noch einiges an Zeit, denke ich – also mehr als erstmal veranschlagt ist. Das ist von Chefe auch echt eng geplant. Aber ich habe das Gefühl, dass sie das absichtlich gemacht hat, um so ein bisschen zu testen, wie das mit uns läuft und wie wir mit dem Stress umgehen. Also, will sagen: Kriegen wir alles hin! Das läuft.«

»Ok«, sagt Claudia noch etwas unsicher, was sie damit anfangen soll. Irgendwie war das nicht ganz das, was sie erwartet hatte. Aber immerhin ein Anfang. »Und wie ist das mit uns?«, schiebt sie nach.

»Da finde ich auch, dass das gut läuft. Wir sind jetzt zum Beispiel spazieren und letztes Wochenende wolltest du ja nur zu Hause rumhängen, das finde ich so schon besser. Überhaupt kriegen wir das ja gerade echt gut hin: Wir haben Zeit füreinander, mehr als früher glaube ich. Wenn wir jetzt noch insgesamt etwas aktiver werden, ist das schon echt gut.«

»Was heißt das, aktiver werden?«

»Na so was, wie ich letzte Woche meinte: wieder ein bisschen abenteuerlustiger werden. Mehr spontane Aktionen.«

»Ok«, sagt Claudia trocken.

»Was heißt ok? Das klingt jetzt nicht gerade zufrieden.«

»Naja, ich habe nicht wirklich das Gefühl, mehr davon zu wissen, wie es dir geht.«

»Das kannst du jetzt aber so nicht sagen. Ich habe dir gerade erzählt, was ich gut finde, was ich noch mehr möchte, wie es mir auf der Arbeit geht und so weiter. Da kannst du doch nicht sagen, dass du jetzt nicht mehr von mir weißt.«

»So wirklich was erfahren habe ich nicht, finde ich.«

»Hä? Was gibt es denn da zu finden? Ich habe dir doch gerade erklärt, wie es mir geht. Du weißt jetzt also objektiv mehr als vorher.«

»Ich leugne ja gar nicht, dass du mir einiges erzählt hast, aber es ist eben nicht das, was ich hören wollte.«

»Ich entscheide doch wohl noch selbst, wie es mir geht und wie ich das erzähle, oder nicht?« Robert ist jetzt schon etwas aufbrausend.

»Und ich entscheide, ob meine Frage damit beantwortet ist!«, antwortet Claudia etwas patzig.

»Super, dann kann ich ja nur verlieren. Sage ich nichts, ist dir das nicht recht und wenn ich was sage, passt es auch wieder nicht«, schreit Robert jetzt. »Dann sage ich jetzt halt gar nichts mehr.«

Nach ein paar Minuten angespannter Stille, kommen Claudia die Tränen.

Roberts Stimme ändert sich schlagartig in einen versöhnlichen Ton: »Hey, so war das doch nicht gemeint. Ist doch alles gut.«

»Lass mich«, schnauft Claudia, während sie versucht, die Tränen zurückzuhalten. »Immer bin ich hier am Ende Schuld.«

Ein bisschen Ordnung fürs Gefühlschaos – oder zumindest Erklärungen

Das wirkt, angesichts einer weinenden Claudia, etwas komisch, aber der Einstieg war eigentlich richtig gut: Robert ist in der Ich-Perspektive geblieben und hat Wahrnehmung, Wirkung, Wunsch angewendet. Auch grundsätzlich ist das, was die beiden am Anfang getan haben, sehr hilfreich: Meta-Kommunikation. Also sozusagen übers Reden reden. Das ist sehr gut dazu geeignet, um Dinge zu klären, die in der Situation selbst nicht möglich waren. Da geht gerade Claudia gut in die Selbstreflexion und lobt sogar – top! Außerdem verhalten sich beide am Anfang genau passend ›ergänzend‹: Robert entschuldigt sich und bittet um eine Erklärung. Claudia hätte sich jetzt auch ›gleich‹ verhalten können. Zum Beispiel hätte sie sagen können: »Ach Quatsch, das war doch meine Schuld mit meiner übertriebenen Reaktion.« Dann wäre eine Art Entschuldigungswettbewerb entstanden. Ja, auch das gibt es. Stattdessen ›ergänzt‹ sie in ihrem Kommunikationsverhalten, denn sie erklärt sich.

Dann begeben sich die beiden auf ein thematisch sehr schwieriges Terrain: Gefühle. Gerade, wenn Paare schon seit längerer Zeit zusammen sind, ist das eine große Herausforderung. In der Anfangszeit einer Beziehung fallen Gespräche darüber sogar tendenziell leichter. Denn da geht es meistens um akute Gefühle wie das eigene Verliebtsein und nicht um die allgemeinen Grundgefühle, die hier Thema sind. In langen Gesprächen erklären sich dann viele Paare gegenseitig ihre Gefühlswelt. So lerne ich schließlich meine Partnerin oder meinen Partner besser kennen und wir versichern uns gegenseitig, wie sehr wir uns lieben. Ist diese Klärungsphase nach und nach abgeschlossen, besteht die große Gefahr, dass Paare dann mit der eigenen Beziehung tatsächlich wie mit einer Versicherung umgehen: Die informiere ich schließlich nur, wenn sich an meinem Status etwas Gravierendes ändert. Wegen irgendwelcher Kleinigkeiten rufe ich da ja auch nicht an.

Nur um nicht falsch verstanden zu werden: Ich plädiere hier nicht für einen permanenten Seelen-Striptease in jedem Paargespräch. Wie es bei Claudia und Robert auch schon vorhin im dritten Kapitel deutlich wurde, braucht eine Beziehung auch Routinen und einen Alltag. In dem müssen nicht permanent alle Gefühle besprochen werden, der darf auch einfach funktional sein. Gelegentlich sollte aber auch im Alltag das Reden über Gefühle eine Rolle spielen. Selbst wenn es schwer scheint, das zwischen Einkäufen, Organisation und Sonntagsspaziergängen einzuplanen. Sonst geht die emotionale Basis irgendwann flöten.

Umso schöner, dass Claudia hier versucht, etwas mehr von Robert mitzubekommen. Der wiederum ist damit überfordert. Das liegt unter anderem daran, dass Claudia nicht eine Frage nach seinen Gefühlen stellt, sondern sieben. Die mal eben alle zu sortieren und dann eine passende Antwort darauf zu finden, wäre wahrscheinlich auch für sie eine große Herausforderung. Aber auch sonst fällt es vielen Menschen, männlich wie weiblich, nicht leicht, ehrlich über ihre Gefühle zu sprechen. Wie auch beim Thema Glaube oder eigene Wünsche formulieren – die meisten haben das schlichtweg nicht gelernt, weil es im Alltag selten eine Rolle spielt.

Auch Robert schenkt uns mit seiner Antwort auf Claudias Fragenmarathon einen Klassiker. Claudia fragt, wie es ihm geht, und er erzählt, was er macht. Wer sich Roberts Ausführungen genau durchliest, sieht: Er berichtet, was passiert ist und wie er das bewertet. Das sind allerdings alles rein kognitive Interpretationen. Welche Gefühle das in ihm auslöst, sagt er zu keinem Zeitpunkt. Das ändert sich übrigens auch dadurch nicht, dass er das Wort »Gefühl« in einen Satz bastelt: »Ich habe das Gefühl, dass Chefe das absichtlich gemacht hat.« Dadurch weiß Claudia eben nicht, wie er sich fühlt. Das ist schlicht unpräzise.

Marshall Rosenberg, der Erfinder der gewaltfreien Kommunikation, würde hier von einem »Pseudogefühl« sprechen. Dahinter können recht unterschiedliche Gefühle stecken. Zum Beispiel: »Ich bin geschmeichelt und glücklich, weil sie mir so viel zutraut.« Aber auch genauso: »Ich bin angespannt und unsicher, weil ich nicht genau weiß, ob sie das deshalb macht oder nicht.« Oder sogar: »Ich bin sauer, weil sie das nicht offen mit mir bespricht.« All diese Gefühle könnten dahinterstecken. Roberts Satz liefert noch nicht mal einen Hinweis, in welche Richtung seine Gefühle tendieren.

Wenn er die Entwicklung ihrer Beziehung beschreibt, »findet« er Dinge »gut« oder »besser«. Er formuliert jetzt sogar einen Wunsch. Ein großer Fortschritt, jedenfalls im Vergleich zum dritten Kapitel. Auch unabhängig davon ist das kommunikativ sehr hilfreich und nicht gerade selbstverständlich, das in so einer Situation so formulieren zu können. Gleichzeitig spricht er wieder nicht von seinen Gefühlen, sondern beschreibt und bewertet sachlich.

Das diffuse Gefühl von Claudia, nicht so wirklich mehr von ihm zu wissen, rührt daher. Gefährlich wird es dann, als Robert ihr mit Objektivität kommen möchte. Die gibt es in diesem Zusammenhang nicht. Wir erinnern uns an die ersten Kapitel: Robert kann nicht zu 100 % sicher sein, dass er weiß, was Claudia hören möchte. Die Lösung dort habe ich ›echte Fragen stellen‹ genannt: »Da kannst du doch nicht sagen, dass du jetzt nicht mehr von mir weißt.« So einen Satz schleudert er ihr stattdessen entgegen. Dabei kann sie das sehr wohl. Wenn sie in ihrer Wahrnehmung nicht mehr weiß als vorher, kann Robert noch so häufig behaupten, dass er objektiv etwas Neues gesagt hat. Solange das Gesagte bei ihr nicht anknüpfungsfähig ist, ist die Wirkung fast die gleiche, als hätte er gar nichts gesagt. So reizvoll es auch scheint, sich im Streit auf vermeintlich Objektives, also eine äußere neutrale Instanz, zu berufen, es funktioniert leider nicht.

Generell ist es im Kontext von Beziehung nur sehr eingeschränkt möglich, mit Objektivität zu argumentieren. Bestes Beispiel ist dieses Buch: Alles, was in ihm steht, sind Ideen, die sich in vielen Paarkontexten bewährt haben. Wissenschaftlerinnen und Experten aus der Praxis haben sie entwickelt, beobachtet, zusammengetragen bewertet und Theorien daraus gegossen. In der Arbeit mit Paaren haben sie sich also immer wieder als hilfreich erwiesen. Es bleiben aber alles Annäherungen. Jede einzelne Idee und Regel muss für das einzelne Paar anschlussfähig sein und funktionieren. Ansonsten mag sie zwar objektiv richtig sein, aber eben nicht hilfreich.

Das Ganze ist aber keine Einbahnstraße. Alle Ideen und Regeln setzen voraus, dass ihnen Paare auch von ihrer Seite aus eine ehrliche Chance geben. Sie müssen aktiv versuchen, eine Anschlussfähigkeit herzustellen. Mit Blick auf die Situation von Claudia und Robert bedeutet das: Claudia sollte ihr Bestes tun, ihre Fragen so zu formulieren, dass Robert herausfinden kann, worauf sie gerade hinauswill. Im Zweifelsfall hilft es, Fragen einfach nochmal zu formulieren oder zu erklären. Sie erklärt aber eben nicht, warum ihr seine Antworten nicht weiterhelfen und was ihr stattdessen wichtig ist.

Dass es keine Objektivität gibt, heißt eben nicht, dass plötzlich alles beliebig ist. Ganz im Gegenteil: Es ist deshalb umso wichtiger, dem Gegenüber auch die Chance zu geben, eine hilfreiche Antwort geben zu können. Das bedeutet: Nicht nur Roberts Antworten müssen anschlussfähig sein, sondern auch Claudias Fragen. Vielleicht bekommen die beiden später noch einmal das Gleiche hin wie zu Anfang – nämlich Meta-Kommunikation. Also konkret:

Im Nachhinein noch einmal die Situation durchgehen und überlegen: »Was ist hier eigentlich passiert?«

Zum Schluss werden bei Claudia einige Gefühle ganz körperlich spürbar – sie weint. Beiden ist das offenbar sehr unangenehm. Robert versucht, direkt zu beschwichtigen. Claudia dreht sich weg. Zwei typische Reaktionen, denn aus jedem Film und den Kommentaren unter Videos in sozialen Netzwerken wissen wir, sobald jemand weint, wird es dramatisch. Alles andere wird plötzlich egal und das Wichtigste scheint zu sein, diesen Zustand ganz schnell zu beenden. So als dürfe es nicht sein, dass jemand, sei es vor Wut, Freude, Überforderung oder Glück, einfach mal losheult. Zum guten Umgang mit Gefühlen in der Beziehung gehört aber auch, dass das sein darf. Tränen gehören von Zeit zu Zeit dazu. Das können auch Robert und Claudia vielleicht einfach mal aushalten.

WAS DEN BEIDEN BEIM REDEN GEHOLFEN HÄTTE

- Erkennen, wann ›gleiches‹ und wann ›ergänzendes‹ Kommunikationsverhalten sinnvoll ist und sich entsprechend verhalten.
- Wenn nach Gefühlen gefragt wird, wirklich zu sagen, was man fühlt, und nicht, was man macht oder wie man Dinge bewertet.
- Objektivität nicht als Maßstab für Paarkommunikation zu verwenden, sondern zu beachten, dass insbesondere im Streit alles erst einmal subjektiv ist.

Wenn Worte Gefühle wären

Gefühle zu formulieren, ist gar nicht mal so einfach. Robert hat es vorgemacht: »Ich habe das Gefühl«, ist eben kein wirkliches Gefühl. Auch »ich fühle mich ...« ist eine Beschreibung und kein Gefühl. Gefühle zu formulieren, geht besser mit Sätzen wie »Ich bin ...«. Für das, was dann kommt, gibt es hier eine Liste an echten Gefühlen. Einfach ein paar passende aussuchen und benutzen, wenn das nächste Mal jemand fragt:

Angenehm	angeregt	aufgeblüht	ausgeruht
aufgedreht	begeistert	bereichert	berührt
beschwingt	bezaubert	dankbar	eifrig
energiegeladen	entlastet	ergriffen	entzückt
erfüllt	erleichtert	erstaunt	fasziniert
frei	froh	gebannt	gefasst
gelöst	herzlich	hingerissen	hoffnungsvoll
inspiriert	interessiert	jubelnd	klar
kreativ	lebendig	leicht	locker
motiviert	mutig	nah	nüchtern
offen	sanft	souverän	staunend
stolz	unbekümmert	unbeschwert	tatkräftig
verblüfft	verliebt	verzaubert	wach
zart	zufrieden	zuversichtlich	abgeneigt
bgespannt	ängstlich	ärgerlich	alarmiert
pathisch	aufgewühlt	außer mir	beschämt
besorgt	betrübt	deprimiert	eifersüchtig
einsam	elend	enttäuscht	energielos
entwaffnet	erregt	erschlagen	erschüttert

fassungslos	faul	frustriert	gehemmt
gekränkt	geladen	gelähmt	genervt
gereizt	gestresst	hasserfüllt	hilflos
hin- und hergerissen		irritiert	kribbelig
leblos	lustlos	mutlos	nervös
lethargisch	melancholisch	misstrauisch	ohnmächtig
panisch	peinlich-berührt		ruhelos
sauer	schlapp	schockiert	sprachlos
überwältigt	unentschlossen		ungeduldig
unwohl	verängstigt	verlegen	verletzlich
verspannt	verunsichert	wütend	zaghaft
zerschlagen			

Zukunft

Warum man die Beziehungsebene gerne mal mit der Sachebene vermischt

Ein Leben im Hier und Jetzt ist wunderbar. Aber auch schon mal an die Zukunft gedacht? Wie wollen wir da eigentlich Leben? Und wo? Was arbeiten wir? Und wie viel? Was machen wir mit unserer Zeit? Kerstin und Stefan stellen sich den Fragen und träumen ein bisschen. Aber erst nach etwas Anlauf.

Dienstagabend. Kerstin und Stefan sind wieder auf der Couch vorm Streaminganbieter ihres Vertrauens. Heute ist eine Sitcom angesagt. Ein bisschen abschalten, lachen und trotzdem noch was über das Leben an sich lernen. Im Mittelpunkt der Serie steht eine moderne Familie. Außerdem steht das Eis bereit und es kann losgehen.

Kurz bevor Kerstin die Playtaste drückt, hält Stefan sie ab: »Ich habe noch eine kleine Überraschung für dich.«

Kerstin bekommt große Augen: »Echt? Jetzt bin ich aber gespannt!«

»Ja, und zwar wollten wir doch im November für ein Wochenende wegfahren. Und da habe ich jetzt dieses Hotel am Bodensee gebucht, das wir letztens gesehen haben. Mit allem Wellness Zipp und Zapp. Massage, Pool, 3-Gänge-Menü mit linksdrehendem Sushi und so weiter.«

Kerstins Reaktion ist ein kleines bisschen anders, als Stefan sich das vorgestellt hat: »Wie, das hast du ernsthaft einfach gebucht?«

»Ja, und auch schon bezahlt, das wird grandios, oder?« Mir scheint, Stefan hat noch nicht direkt begriffen, dass er sich mit der Aktion keinen großen Gefallen getan hat.

»Bist du bescheuert?«

»Wieso?«

»Wir haben doch noch gar nicht festgelegt, dass wir da Wellness machen wollen. Und du buchst das einfach? Was ist denn zum Beispiel aus der Idee mit Amsterdam geworden? Ich wollte doch schon immer mal nach Amsterdam.«

»Gut, meinetwegen, dann buche ich halt da was. Ich schaue mal, ob sich das am Bodensee noch stornieren lässt.«

»Aber doch nicht im November. Da ist das doch viel zu ungemütlich da. Nach Amsterdam fahren wir im Sommer. Einmal mitdenken zum Mitnehmen! Bitte, der Herr. Ich will Wellness.«

»Gut, dann doch Wellness. Soll ich gucken, ob die in dem Hotel in Südtirol was frei haben, wo wir letztes Jahr waren?«

»Bloß nicht. In dem Pool war das Wasser so stark gechlort, dass du nach fünf Minuten eine quasi-durchsichtige Badehose hattest. Lass uns echt das Hotel am Bodensee nehmen. Das sah so richtig nett da aus.«

»Ok, dann lasse ich die Buchung einfach bestehen«, schließt Stefan den Punkt.

»Danke«, grinst Kerstin nun.

Aus Gründen der Wertschätzung verkneift Stefan sich die Frage, die ihm auf der Zunge liegt: »Worüber genau haben wir hier dann gerade geredet?« Außerdem will er jetzt lieber die Folge der Sitcom sehen und drückt auf Play. So einen wirklichen Reim auf das, was da gerade passiert ist, kann er sich noch nicht machen.

Eine Frage der Ebene

Ich versuche, Stefan mal ein bisschen beim Sortieren seiner Gedanken zu helfen. Viele haben schon gemerkt, dass es bei allem, was ich kommuniziere, eine Sachebene und eine Beziehungsebene gibt. Auf der Sachebene sind sich Kerstin und Stefan sehr einig: Das Wochenende im November sollte am besten in dem Hotel am Bodensee stattfinden und Wellness sollte im Fokus stehen. Warum dann also die Diskussion? Ganz einfach: Auf der Beziehungsebene sind sich die beiden uneinig. Die Idee mit dem Hotel war offenbar schon mal im Laufe der Woche da. Für Stefan war das Grund genug, Nägel mit Köpfen zu machen und zu buchen. Damit trifft er eine Aussage über die Beziehung der beiden, die man so formulieren könnte: »Wenn wir eine Idee für einen Urlaub haben und du dich positiv dazu äußerst, kann ich die endgültige Entscheidung auch allein treffen.« Kerstins Aussage über die Beziehung lautet in diesem Zusammenhang: »Wenn wir eine Idee für einen Urlaub haben, dann ist das erst einmal eine Idee. Die endgültige Entscheidung treffen wir aber gemeinsam und unabhängig von der Situation, in der die Idee aufkam.« Nägel mit Köpfen, einfach so über ihren Kopf hinweg, das möchte sie nicht. Sie will beteiligt sein.

Diese Einigkeit und Uneinigkeit zugleich macht es für die Beteiligten besonders schwer, zu bemerken, warum oder worüber sie sich eigentlich streiten. Für Außenstehende sind diese Mechanismen meist sehr viel leichter zu durchschauen. Und absurderweise geht es vielen Paaren wie Stefan und Kerstin hier: Sie diskutieren die ganze Zeit auf der Sachebene, obwohl sie sich dort einig sind. Kerstin hätte deshalb besser sagen können: »Grundsätzlich können wir das mit dem Hotel am Bodensee gerne machen, aber mir ist schon wichtig, dass wir so was zusammen entscheiden und buchen.« Statt am Ende mit rollenden Augen dazusitzen, hätte aber auch Stefan seine gedachte Frage, etwas wertschätzender formuliert, einfach stellen können: »Was genau stört dich gerade?« Dann hätten sie auf Beziehungsebene diskutieren können und hätten das vermutlich schnell geklärt.

Zugegeben, es ist hier noch sehr glimpflich ausgegangen. Die Gefahr liegt aber in der Summe. Wenn Urlaubsplanung immer so verläuft, wird sie zum kommunikativen Problem. In vielen Paarbeziehungen entstehen so Reizthemen, die Lappalien sein könnten.

Und es fällt leicht, sich vorzustellen, was für handfeste Auswirkungen es hat, wenn es um mehr als Urlaub geht. Da können wochenlange Streits entstehen, weil man sich auf der Inhaltsebene einig ist, aber die Beziehungsebene nicht geklärt hat.

Das Diskutieren auf der falschen Ebene funktioniert natürlich auch umgekehrt. Wenn in einem Streit zum Beispiel der Satz fällt: »Wenn du mich lieben würdest, dann würdest du mir zustimmen.« Dann wird offenbar auf Beziehungsebene diskutiert, obwohl die Uneinigkeit auf der Sachebene liegt.

Hot or not?

Ich sehe gerade, die erste Sitcomfolge ist vorbei. »Diese Sarah Hyland ist eine attraktive Frau«, kommentiert Kerstin. »Da könnte ich das nachvollziehen, wenn du die länger umarmen würdest wie die anderen.« Für alle, die sich nicht mehr ans erste Kapitel erinnern: Sonja, der Hinweis lautet Sonja.

»Findest du?« Stefan zieht zu diesem Satz die Augen hoch. »So attraktiv finde ich die jetzt nicht. Die ist mir zu dünn und zu fett geschminkt!«

»Die ist doch nicht fett geschminkt. Diese andere, die du heiß findest, diese Mila Kunis, die ist doch total dick geschminkt.«

»Hä? Das stimmt doch überhaupt nicht. Die ist doch voll natürlich! Sarah Hyland sieht aus, als hätte man eine Ente unterm Solarium vergessen, so häufig macht die ein Duck-Face in die Kamera.«

Da muss auch Kerstin ein bisschen lachen. Mit gespielt eingeschnappter Miene legt sie nach: »Pah, wenn du meinst. Ich finde die hübsch. Die sieht übrigens der Natalie ähnlich.«

»Deiner Freundin Natalie?«

»Jap. Bei der könnte ich das total gut verstehen, wenn du die richtig hübsch findest.«

»Alles klar«, antwortet Stefan augenzwinkernd, »dann weiß ich ja Bescheid.«

Kerstin streckt ihm die Zunge raus: »Von wegen. Nächste Folge?«

»Nächste Folge!«

Beziehung ist die Hauptsache

Obwohl die beiden sich hier inhaltlich bis zum Schluss nicht einig werden, habe ich ein merklich besseres Gefühl, als bei der Diskussion um das November-Wochenende. Alles hörte sich weniger brenzlig an als vorher. Da hatte ich wirklich die Befürchtung, dass die beiden sich noch so richtig zerlegen. Hier war dieses Gefühl irgendwie gar nicht vorhanden. Obwohl das Thema, wen Stefan attraktiv findet, doch eigentlich deutlich mehr Sprengkraft haben dürfte, als ein Urlaub in einem Wellness-Hotel. Vor allem mit Blick auf letzte Woche Dienstag und Kerstins Eifersucht auf Sonja. Mir scheint, es hat den beiden sehr gutgetan, dass sie das Thema Treue – und wie sie damit in ihrer Beziehung umgehen wollen – am letzten Dienstag besprochen haben, auch wenn es am Ende ja wieder hoch herging.

Warum ist es also möglich, dass ein Reizthema hier so humorvoll und offen besprochen werden kann? In diesem Kontext verhält es sich offenbar genau umgekehrt mit den Ebenen. Auf der Sachebene – »Wer ist die attraktivere Schauspielerin und Freundin?« – sind sie sich uneinig. Aber auf der Beziehungsebene – »Auch wenn wir fest zusammen sind, finden wir auch mal andere Menschen attraktiv und es ist auch völlig in Ordnung, darüber zu reden« – sind sie sich einig. Klingt eigentlich logisch, dass für eine Beziehung die Beziehungsebene relevanter ist als die Sachebene, oder? Eine funktionierende Beziehungsebene hält eine Menge Uneinigkeit auf der Sachebene aus. Umgekehrt funktioniert das, wie auf den vorherigen Seiten zu lesen, deutlich schlechter.

Sich dem immer bewusst zu sein, ist trotzdem nicht leicht. Vor allem, wenn man sich gerade sachlich im Recht fühlt. Aber wie Robert und Claudia schon im vorherigen Kapitel herausgefunden haben, hilft vermeintliche Objektivität im Zweifelsfall auch nicht. Das klingt für einige Ohren jetzt vielleicht nicht zufriedenstellend: Sind die Inhalte, über die wir als Paar sprechen, völlig irrelevant? Ganz deutlich: Nein! Sachliche Fakten bleiben sachliche Fakten und auch eine funktionierende Beziehungsebene stößt irgendwann an ihre Grenzen. Wo sie das tut, ist wiederum von individuellen Faktoren abhängig. Das lässt sich gut an politischen Themen zeigen: Wenn du für den Mindestlohn bist und ich dagegen, sorgt eine gute Beziehungsebene vermutlich dafür, dass uns das als Paar nicht grundsätzlich belasten muss. Wie sähe das aber aus bei einer unterschiedlichen Haltung zur Frauenquote? Zur Flüchtlingssituation? Zur Todesstrafe? Zu Gewalt in der Erziehung?

Die entlastende Pointe lautet: So lange unsere Beziehungsebene stimmt, müssen wir innerhalb gewisser Grenzen nicht jede Uneinigkeit auf der Sachebene bis ins Letzte klären. Die Amerikaner kennen diesen Umstand unter dem Satz: »We agree to disagree«, wir sind uns einig darin, dass wir uns in dieser Sache uneinig sind.

Umso wichtiger ist es, bei Meinungsverschiedenheiten genau hinzuschauen, ob da nicht gerade ein Streit auf der Sachebene ausgetragen wird, obwohl die Uneinigkeit auf der Beziehungsebene herrscht. Die Diskussion sollte dann auf der Ebene stattfinden, auf der auch die Uneinigkeit herrscht. Wenn einer oder beide Partner das erkennen und für einen Ebenenwechsel sorgen oder sogar den Schritt in die Meta-Kommunikation – reden übers Reden – gehen, ersparen sie sich viel emotionalen Stress.

Wohin geht's, wenn ich mit dir gehe?

Mittlerweile ist auch die dritte Folge der Sitcom gelaufen. Die Hauptdarsteller und Hauptdarstellerinnen liegen sich, wie gewohnt, lachend in den Armen. Nachdem es erst so aussah, als würde der Familienvater seinen Job verlieren, ist das Ende, welch Überraschung, gut ausgegangen. Der befürchtete Familienumzug in ein billiges Motel am Highway blieb aus. Ein Glück!

»Na hoffentlich passiert uns das nicht, wenn wir mal ein Haus haben!«, wirft Stefan halb abwesend ein.

»Wir werden mal ein Haus haben?«, fragt Kerstin ein bisschen irritiert, aber auch neugierig nach.

»Ja, jetzt natürlich noch nicht, aber in ein paar Jahren, wenn du dann schon ein bisschen im Job bist und so weiter. Dann sind wir auch bald zehn Jahre zusammen. Da bin ich schon davon ausgegangen, dass wir dann nicht mehr in einer Zwei-Zimmer-Wohnung wohnen. Du nicht?«

»Klar, etwas großzügiger will ich dann auch wohnen. Aber ob es direkt ein Haus sein muss, weiß ich nicht. Das klingt für mich gerade so, als wäre das für dich ein Automatismus. So, als wüsstest du schon, dass ich das auch will. Das irritiert mich irgendwie, wenn du das so selbstverständlich sagst.«

»Ach so, tut mir leid. Ich gehe da tatsächlich so ein bisschen von aus, dass du das auch so willst.«

»Echt?«, antwortet Kerstin erstaunt. »Wie kommst du darauf?«

»Gute Frage. Ich glaube, weil du selbst ja auch in einem großen Haus aufgewachsen bist, mit Garten und so. Ich

weiß, das bedeutet nicht automatisch, dass du das auch für dich selbst willst. Ich dachte nur...«

»Ja ja, dachte ich mir auch schon so. Aber sich um so ein Riesengrundstück zu kümmern und irgendwo im Nirgendwo zu wohnen, finde ich trotzdem nicht gerade attraktiv. Das hat mich als Jugendliche schon endlos genervt: Du brauchst ewig überall hin, keine spannenden Läden in der Nähe und deine Nachbarn sind in etwa so weltoffen wie ihre Gartenzwerge.«

Stefan kommt selbst aus dem Vorort einer größeren Stadt und ist zwar nicht sehr überrascht, aber eben ein bisschen: »Meintest du nicht selbst noch vor ein paar Tagen, dass du nicht ewig in der Stadt leben willst?«

»Auf jeden Fall. Aber zwischen Köln-Ehrenfeld und Hintertupfingen am Niemandssee gibt es ja auch noch anderes. Weißt du, am besten wäre ein kleiner Ort mit S-Bahn-Anschluss in die Stadt, aber trotzdem schön grün, vielleicht ein Reihenhäuschen oder so. Nicht zu kompliziert. So, dass man abends auch mal unkompliziert ins Kino oder in einen Club kommt und trotzdem können die Kinder draußen spielen.«

Beim letzten Punkt horcht Stefan ein bisschen auf: »Aah, Kinder soll es also schon geben?«

»Du hast nie gesagt, dass du keine willst.«

»Das ist formal richtig. Aber wann und wo und ...«

»Ich werde nicht erst mit 40 schwanger, das sage ich dir direkt.«

»Naja, wir sind ja noch nicht mal verheiratet!«

»Was hat das denn damit zu tun? Wir müssen doch nicht zwangsläufig erst heiraten und dann Kinder kriegen.

Die Fünfziger Jahre haben angerufen, sie wollen ihre Lebensentwürfe zurück.«

»Also doch eine offene Beziehung zusammen mit Sonja?«, kontert Stefan die Spitze und erntet dafür einen Todesblick. Gut, dass die beiden das auf der Beziehungsebene geklärt haben! »Ist ja schon gut«, rudert er sicherheitshalber zurück, »aber ich finde es grundsätzlich schon schöner, wenn wir verheiratet sind. Dann ist das mit den Kindern auch deutlich einfacher mit der Anerkennung der Vaterschaft und so. Und mit gleichen Nachnamen. Ist ja auch egal. Auf jeden Fall finde ich diese Vorort-Sache immer ein bisschen zwiespältig. Das ist manchmal so eine Art Worst-Of. Der Ort ist schon so groß, dass du eben nicht mehr jeden kennst. Und es geht dort anonymer als in einem kleinen Dorf zu, in dem man sich gut kennt und so weiter. Gleichzeitig ist es trotzdem zu klein, als dass irgendwas Cooles passiert. Du hast abends trotzdem die Auswahl zwischen maximal zwei Kneipen. Das klingt für mich immer wie so ein fauler Kompromiss. Dann doch lieber richtig ins Grüne. Und wenn du dann erstmal deine Leute hast und die Vereine, in denen man sich noch richtig engagiert, wo alle mit anpacken bei Festen und so! Das fände ich schon reizvoll. Ein Ort, der auch eine Seele hat und nicht einfach drei von Investoren zusammengenagelte Neubaugebiete mit einem Ortsschild davor, weißt du?«

Kerstin schaut ihn ungläubig an: »Das klingt jetzt aber schon hart nach Klischee. Wo willst du das denn finden? Und weißt du vorher, wie das da so ist? Stell dir vor, du müsstest jeden Tag von da aus Ewigkeiten zur Arbeit pendeln. Wie viel Zeit da drauf geht und auch wie viel Geld.

Das möchte ich beides lieber behalten, um auch mit den Kindern nochmal so richtig zu reisen, die Welt entdecken und auch abends im Sommer draußen zu sitzen – nicht im Auto.«

»Ach, da macht man Homeoffice…«, winkt Stefan ab.

»In meinem Job? Ich glaube kaum.«

»Hm, stimmt. Oder einfach weniger arbeiten. Ich habe lieber ein günstiges großes Haus, um das dann auch zu nutzen. Zum Leben wird es schon irgendwie reichen.«

»Klar, das ist schon attraktiv. Aber ich habe auch nicht so lange studiert, um dann im Job nicht weiterzukommen. Und dazu muss man eben Vollzeit arbeiten und sich reinhängen. Außerdem können wir uns so Geld zurücklegen und dann auch mal einen Monat am Stück verreisen. Schön mit dem Wohnmobil durch Thailand.«

»Meinst du wirklich, dass das nicht auch mit etwas weniger arbeiten möglich ist? Stell dir mal vor, wir haben ein schönes großes Haus im Grünen. Genug Zeit, draußen zu sein in der Natur. Zeit für uns und unsere Familie. Leute um uns herum, die wir gut kennen. Wohnmobil klingt auch gut, aber schön zwei Wochen durch Norwegen!«

»Ja, oder stell dir ein Reihenhäuschen in einem Vorort vor. Abends mal eben schnell mit den Kindern auf ein Eis. Funktionierenden Nahverkehr, mit dem wir auch mal spontan in die Stadt und was unternehmen können. Trotzdem wären wir auch schnell im Grünen, modernes Wohnen, offenere Leute und so weiter. Aber lass uns da ein anderes Mal weitersprechen. Jetzt wohnen wir ja erst einmal noch hier.«

»Klingt gut«, sagt Stefan und drückt ein letztes Mal auf der Fernbedienung die Playtaste.

Alle Wünsche im Einklang?

Hui, das sind ja ganz schön viele Träume und Wünsche auf einmal. Trotzdem schaffen die beiden es beim Thema und auf der Sachebene zu bleiben. Das ist nicht gerade selbstverständlich. Bei Themen wie der eigenen Zukunft herrscht durchaus erhöhte Gefahr, die Sach- mit der Beziehungsebene zu vermischen. Zum Beispiel so: »Du willst nicht mit mir auf ein großes Grundstück mitten in der Natur ziehen? Genüge ich dir nicht oder warum brauchst du unbedingt so viele Leute in der Nähe?« Auch sonst fällt immer mal wieder eine offene Frage und die beiden werfen nicht mit Unterstellungen um sich, sondern gehen davon aus, dass die Gedanken des anderen Sinn ergeben. Wahnsinn, was die beiden da kommunikativ leisten. Bei Wahrnehmung, Wirkung, Wunsch fehlt anfangs zwar der formulierte Wunsch, aber es kann ja nicht alles perfekt sein.

Wie es mit den beiden in den nächsten Jahren weitergehen soll, ist natürlich ein sehr breites Thema. Schön, dass die beiden hier mit Blick auf die Zukunft vor allem in Ideen und Wünschen denken. Denn durch die Bandbreite des Themas passiert es auch schnell, dass Paare eher in äußeren Zwängen denken – »Das geht doch mit deinen Eltern nicht, wenn wir dahin ziehen« – oder in Problemen – »Ein Haus im Grünen können wir uns eh nicht leisten« – oder mit einer resignativen Haltung: »Gut, dann geht das halt nicht anders.«

Eine Orientierung an Wünschen und Träumen ist auch nicht einfach nur schönes Schi Schi mit dem Kopf in den Wolken. Für eine Beziehung sind sie wichtig, weil sie zeigen, was Glück noch so alles sein kann. Eindampfen kann man die Ideen dann immer noch, wenn der Abgleich mit den äußeren Umständen stattfindet oder Probleme entstehen. Das geht aber leichter, als erst einmal vom Worst Case auszugehen und dann nachher während der Umsetzung auf größere Ideen zu kommen.

Die Herausforderung liegt auch hier wieder darin, die Vorstellungen von zwei unterschiedlichen Menschen abzugleichen. Stefan und Kerstin sind sich zwar einig, dass sie nicht ewig in der Stadt wohnen wollen, aber wohin es dann gehen soll, wissen sie noch nicht. Auch die Idee mit den Kindern scheint beiden zu gefallen. Aber wann und wie, mit oder ohne Hochzeit? Trotz dieser Differenzen haben sie schon eine recht hohe Überschneidung in ihren Vorstellungen. Stefans Spruch über die offene Beziehung wäre in vielen Konstellationen kein Gag gewesen und Kerstins einmonatige Reise könnten sich viele auch für ein halbes Jahr vorstellen. Wenn dann die oder der andere das gegenteilige Extrem vertritt, wird es kompliziert. Da liegen die beiden schon nah beieinander. Trotzdem bleiben Unterschiede, die sich in Teilen gegenseitig ausschließen.

Eine Möglichkeit ist dann klassischerweise der Kompromiss. Wenn Stefan aufs Land ins Grüne möchte und Kerstin in den Vorort mit S-Bahnanschluss, finden die beiden vielleicht ihr Glück im äußeren Teil eines Vorortes, der schon recht grün ist und ein traditionelles Gefüge unter den Bewohnern aufweist, von dem der Ortskern aber immerhin in ein paar Kilometern noch mit dem Fahrrad erreichbar ist.

Ein Kompromiss klingt gut und ist für viele intuitiv das Mittel der Wahl. Sich auf halbem Weg treffen, also der goldene Mittelweg, ist aber nicht immer die beste Lösung. Stefans zweiwöchiger Wohnmobiltrip gegenüber Kerstins einmonatiger Variante in Thailand ist so ein Beispiel. Der Mittelweg wäre hier etwas mehr als drei Wochen in Usbekistan. Ich weiß nicht, ob das für die beiden ideal wäre.

Vielleicht wäre hier eher der Konsens eine sinnvolle Sache. Einen Urlaub finden, hinter dem beide gut stehen können, der aber nicht aus halben Ideen zusammengesetzt ist. Im weiteren Gespräch könnte sich zum Beispiel herausstellen, dass beide schon lange mal an die Westküste der USA wollten. Und vielleicht wird es dann eher der Mietwagen als das Wohnmobil. Dafür gilt es, offenzubleiben.

Eine dritte Option ist die Akzeptanz oder, passender formuliert, sich einzulassen. Einer der beiden entscheidet: »Das ist eigentlich nicht mein Wunsch und auch nicht meine Idee, aber ich trage das mit.« Gut angewendet, kann das der Beziehungsebene sehr helfen. Das geht natürlich bei einer Reise, kann aber auch beim Wohnort zum Tragen kommen oder sogar bei der Entscheidung, wann die Hochzeit stattfindet. Das widerspricht auf den ersten Blick unserer sehr auf Individualismus getrimmten Gesellschaft, in der wir uns von niemandem zu sehr abhängig machen wollen. Aber bei der Entscheidung, ob die beiden erst heiraten oder erst Kinder bekommen, gibt es nun mal keinen Mittelweg. Da geht nur davor oder danach. Kerstin bleibt vielleicht bei ihrer grundsätzlichen Einschätzung, dass es ruhig erst Kinder sein dürfen. Trotzdem kann sie ja für sich entscheiden, dass sie sich auf eine Hochzeit vor der Schwangerschaft einlässt. Damit bekommen Stefans Ideen eine eigene Anerkennung.

Wenn man sich auf fremde Ideen einlässt, ist eine Sache besonders wichtig, die Jasmin und Daniel im vierten Kapitel auch geholfen hat: Die Beziehung darf dadurch nicht zu einem Konto werden. Es spricht natürlich nichts dagegen, wenn Stefan sich dann auf den Thailand-Urlaub einlässt. Aber es darf eben nicht dazu führen, dass diese Entscheidungen in der Dimension von Leistung und Gegenleistung verrechnet werden – so nach dem Motto »Wie viele Urlaube ist eine vorgezogene Hochzeit wert?« Dann ist der Weg auch nicht mehr weit und solche Entscheidungen werden mehr mit Kalkül als aus Überzeugung getroffen.

Einlassen bedeutet außerdem, die Entscheidung nicht nur mitzugehen, sondern auch wirklich mitzutragen. Angenommen, Stefan lässt sich auf den Urlaub ein. Die beiden ziehen los und in den ersten Tagen bekommt Kerstin aufgrund des ungewohnten Essens den Durchfall ihres Lebens. Wenn Stefan darauf sagen würde: »Siehst du, was Thailand für eine dämliche Idee war? In Norwegen wäre uns das nicht passiert!« – dann hat er sich nicht wirklich auf Thailand eingelassen. Und wenn Kerstin sich in verfrühten Hochzeitsvorbereitungen alle paar Minuten zu dem Kommentar »Ich mache das ja sowieso nur dir zuliebe« hinreißen lässt, auch nicht.

WAS DEN BEIDEN BEIM REDEN GEHOLFEN HAT

- Klarheit darüber haben, ob Uneinigkeiten auf der Beziehungsebene oder auf Sachebene bestehen und sie auf der passenden Ebene klären. Dabei liegt die Priorität auf der Beziehungsebene.

Sich Ideen aus der Zukunft holen

Besonders reizvoll wird die Zukunft als Paar, wenn man sie sich ausmalt, ohne einfach die Gegenwart weiterzudenken. Das ist gar nicht mal so leicht, weil wir meistens davon ausgehen, dass die Gegenwart sich einfach in der eingeschlagenen Richtung fortsetzt. Das wird schnell zu einer sich selbst erfüllenden Prophezeiung, weil wir dann nur von Bekanntem ausgehen und erst gar nicht auf andere Ideen kommen. Eine gute Möglichkeit, aus dieser Gewohnheitsfalle zu entkommen, ist es, von der Zukunft her zu denken. Und das geht zum Beispiel so:

Auf der nächsten Seite ist ein Zeitstrahl. Notiere beim X, wie weit du in die Zukunft gehen möchtest, und umkreise die entsprechende Zahl. Der Zeitraum sollte so weit entfernt sein, dass nicht jetzt schon ein großer Teil davon bestimmt und geplant ist. Gleichzeitig sollte er noch so greifbar sein, dass du dir dein Leben in der Situation vorstellen kannst. Meistens ist es hilfreich, wenn dieser Punkt zwischen vier und zehn Jahren in der Zukunft liegt.

Jetzt gehen wir davon aus, dass in den nächsten Jahren alles super für dich läuft. Wie sieht dann dein Leben in deiner Paarbeziehung aus? Wo lebt ihr? Wie lebt ihr? Habt ihr Kinder? Wie ist das mit der Work-Life-Balance? Was macht ihr so im Alltag? Was am Wochenende? Mal dir das alles aus. Wie ist die Situation in X Jahren, wenn alles so läuft, wie du es dir wünscht?

Von diesem Ideal gehst du dann auf die beiden vorher markierten Punkte des Zeitstrahls. Der erste markiert die zeitliche Mitte zwischen jetzt und dem Zielpunkt. Der zweite wiederum die Mitte zwischen dem ersten und dem Endpunkt. Wo steht ihr und was muss dann an diesen Punkten passieren, damit ihr euer Ziel erreicht?

.... **1.** .... **2.** .... **x**

Was noch zu sagen wäre

Paare, ihr Leben und du

Vier Paare haben wir kennengelernt. Alle in unterschiedlichen Lebensumständen und mit unterschiedlichen Themen. Wie alt die Paare sind und mit welcher Lebensphase und welchen Themen sich das verbindet, das könnte ganz anders aussehen. Ich wollte es hier aber mehr oder weniger ›typisch‹ erzählen.

Mit welchem, der vier Paare hast du in deiner Beziehung eigentlich gerade die meisten Überschneidungen?

Kerstin und Stefan sind schon sechs Jahre zusammen, er geht schon die ersten Schritte im Berufsleben, für sie steht es bald an. Kerstin ist 27, Stefan ist 29 Jahre alt. Da werden langsam die Weichen für die *Zukunft* gestellt. Wurde im letzten Kapitel ja schon sehr deutlich, was da alles nochmal diskutiert werden musste! Mit diesen Themen sind die beiden alles andere als allein: Nicht ohne Grund ist um die 30 Jahre das Alter, in dem die meisten Beziehungen in die Brüche gehen. Sehr unterschiedliche Vorstellungen davon, wie das Leben langfristig aussehen soll, kann man während Ausbildungs- und Studiumszeiten und auch in den ersten Berufsjahren noch gut ausgleichen. Da sind unterschiedliche Ideen vom Leben spannend. Vor allem aber fallen ihre Folgen noch nicht so ins Gewicht. Die Entscheidung, wie genau es in den nächsten Jahrzehnten laufen soll, geschieht eben nicht mehr wie in früheren Jahren um das 20. Lebensjahr herum, sondern eher um das 30. In Anlehnung an die Midlife-Crisis sprechen einige hier schon – Achtung Kreativität – von der Quarter-Life-Crisis. Themen wie *Treue*, werden in den wenigsten Beziehungen direkt am Anfang diskutiert. Die Haltung kann sich außerdem im Laufe der Beziehung noch stark verändern. Auch hier werden die langfristigen Folgen erst in diesem Alter so richtig spürbar. Bis dahin gibt es eine deutlichere Tendenz im Zweifelsfall einfach die Beziehung zu beenden und sich jemand neues zu suchen. Wenn nach längerer Beziehung klar ist, »eigentlich möchte ich schon, dass es mit dir weitergeht«, müssen unterschiedliche Vorstellungen nochmal ganz neu in Abgleich gebracht werden. Gut, dass die beiden das offenbar hinbekommen haben.

Diese Schritte kennen Robert (47) und Claudia (45) natürlich schon längst. Die Diskussionen über Treue und die Zukunft sind bei ihnen schon vor Jahren Wirklichkeit geworden. Wo Stefan und Kerstin sich noch an Themen rantasten oder auch mal überreagieren, sind die beiden pragmatischer und direkter in der Kommunikation. Einen funktionierenden *Alltag* haben sie seit Jahren. Anders hätte ihre über zwanzigjährige Beziehung das wohl kaum überlebt. Das Pendel schlägt dann eher in die Gegenrichtung aus: Es ist schön, wenn eine Beziehung unkompliziert funktioniert. Aber eine Beziehung soll eben nicht ausschließlich funktionieren. Wie wir an den beiden sehen, führt die berühmte Midlife-Crisis nicht zwangsläufig zum

Kauf einer Harley Davidson oder einer Affäre mit einer Kollegin. Auch Claudia zeigt hier keine übertriebenen altersbedingten Stimmungsschwankungen. Aber so ein Gefühl von »War das jetzt schon alles? Bleibt das so?« kommt offenbar schon auf. Sich sonntags zum Spaziergang aufzuraffen, ist dann tatsächlich schon ein großer Schritt aus der Routine heraus. Für das Lebensalter zwischen 30 und Anfang 40 gibt es den Begriff der Rushhour des Lebens: Bei vielen Paaren fallen berufliche Ambitionen mit vielen Überstunden, der Erwerb von Wohneigentum, Kinderkriegen samt Kleinkindphase gleichzeitig an. Viele Dinge macht man zum ersten Mal. Für Zeit zu zweit oder intensive Gespräche über eigene *Gefühle* sind dann nur wenige Ressourcen vorhanden. Man muss eben funktionieren, um alles unter einen Hut zu bekommen. Wenn sich die Wasser dann Mitte 40 wieder legen, werden die vernachlässigten Themen erneut relevant. Dann gibt es häufig einiges aufzuholen. Aber es lohnt sich, wie auch die beiden herausgefunden haben.

Julia und Christian befinden sich gerade Mitten in genau dieser Rushhour. Beide Mitte dreißig, sie haben die drei Ks: Kinder, Karriere und kaum Zeit füreinander. Immerhin nutzen die beiden die Zeit, die sie noch haben, immer wieder auch für Gespräche über die Beziehung – nicht einfach und nicht selbstverständlich. Zum Beispiel über ihre Situation in der Rushhour. Das Gespräch über ihre *Work-Life-Balance*, eigentlich sogar eine Work-Life-Family-Balance, ist typisch für diese Lebensphase, in der die einzelnen Elemente der Rushhour in Einklang gebracht werden müssen. Als umweltbewusstes, eher alternativ ausgerichtetes Paar versuchen sie zudem, nicht unnötig das Auto zu benutzen, sich bio zu ernähren und nachhaltig zu konsumieren. Auch das bindet Energie, weil man im Supermarkt eben nicht bei allem zugreifen kann und Mobilität anders geplant werden muss. Umso schwieriger ist es, ausgerechnet in dieser Phase *Freundschaften* zu pflegen, die gleichzeitig auch einen Ausgleich und manchmal sogar Entlastung bieten. In solchen Phasen haben beide ganz natürlicherweise eine etwas kürzere Zündschnur und gehen schneller hoch, wenn es kriselt. Alles logisch und alles verständlich, wenn man Verständnis füreinander aufbringt.

Von diesen Themen und Gedanken sind Jasmin und Daniel noch weit entfernt – nicht nur altersmäßig. Die beiden lernen sich gerade erst so richtig kennen. Nach einem Jahr Beziehung sind sie noch in der Findungsphase. Viele Paare machen die Erfahrung, dass sie sich in den ersten Jahren verstärkt darum kümmern, Genuss zu vermehren, während es dann nach vielen Jahren vor allem darum geht, Leid zu vermeiden. Das muss aber nicht so sein. Claudia und Robert versuchen sich ja auch ganz bewusst an der Mehrung von Genuss. Trotzdem tasten sich Jasmin und Daniel noch weitaus vorsichtiger an die Themen ran, als ihre älteren Nachbarn das tun würden. Hier geht es noch viel mehr um den Abgleich eigener Vorstellungen mit gängigen Konventionen. Oberflächlich betrachtet leben wir natürlich gerade in einer Zeit, in der Gespräche über *Sexualität* überhaupt kein Problem sind. Freizügiger Austausch über Sex in Medien und Freundeskreisen dürften ja eigentlich sämtliche Hemmschwellen schwinden lassen. Wenn es darum geht, sich mit der persönlichen Sexualität zu offenbaren und man den Partner noch nicht so gut kennt, ist das aber nach wie vor etwas ganz anderes. Die beiden tun sich anfangs auch sichtlich schwer, darüber offen ins Gespräch zu gehen. *Glaube* wiederum ist mittlerweile eigentlich schon das größere Tabuthema als Sexualität – zumindest das seltenere. Eigene Glaubenserfahrungen zu formulieren und Erlebnisse aus kirchlicher Jugendarbeit in einen Gesamtkontext einzuordnen, ist schwierig. Genauso schwierig ist es, das nachzuvollziehen, wenn man es selbst nicht kennt. Da hilft das offene Interesse der beiden.

Es ging ja nicht nur um die Themen selbst, sondern auch darum, wie man miteinander redet. Vielleicht gelingt es ja, einiges aus dem Buch umzusetzen.

Ein Vorschlag für den ersten Schritt: Wenn ihr lange Gespräche hattet, gehst du im Nachhinein nochmal im Kopf durch, wie ihr gesprochen habt und überlegst:

Habe ich eher Ich-Botschaften genutzt?

Sach- oder Beziehungsebene, wo waren wir da gerade unterwegs? Und passte das?

Habe ich es vermieden, unsere Beziehung als Konto zu betrachten?

Die eine kritische Nachfrage vorhin, bin ich da grundsätzlich von ausgegangen, dass das Verhalten meiner Partnerin oder meines Partners Sinn ergibt?

Und eines ist ganz wichtig! Man kann über einen Streit grübeln, aber man kann auch nach besonderen Momenten fragen: »Woran hat das jetzt eigentlich gelegen, dass wir da so gut miteinander gesprochen haben?« Dann weißt du ganz genau, wovon es mehr braucht und was besonders gut funktioniert, wenn ein Gespräch zu eskalieren droht.

In den Gesprächen selbst hilft es dann, sich vorerst auf

die Regeln der ersten Kapitel zu fokussieren. Die sind leicht umsetzbar, im Gegensatz zur ständigen Reflexion, ob man sich gerade auf Sach- oder Beziehungsebene befindet oder ob ›gleiche‹ oder ›ergänzende‹ Kommunikation gefragt ist.

Wenn Kommunikation gut läuft, ist sie selbst dann wertschätzend, wenn sie Kritisches thematisiert. Vor allem in einer Paarbeziehung soll sie ja mein besonderes Verhältnis zu dieser besonderen anderen Person ausdrücken, zu der ich stehe und für die ich mich entschieden habe. Wertschätzende Kommunikation heißt auch, den anderen erstmal als die Person wertzuschätzen, die er oder sie ist. Es geht eben nicht darum, möglichst alle Differenzen zu nivellieren, sondern sich erst einmal gegenseitig mit genau diesen anzunehmen. Deshalb sollen die Tipps in diesem Buch auch nicht dazu genutzt werden, seinen Partner zu erziehen. Das geht sowieso meistens schief, egal was die beste Freundin sagt. Denn das ist wertschätzende Kommunikation: Unterschiede und Besonderheiten als großen Schatz einer Beziehung zu verstehen, einen liebenden Blick zu behalten und dann bewusst danach zu schauen, wie aus unterschiedlichen Vorstellungen etwas Gemeinsames wird.

Und wenn dich dieses Buch – bei all seinen Tipps und Ideen – hier und da auch mal zum Schmunzeln gebracht hat, kann ich mehr als glücklich sein.

Der Autor

David Walbelder arbeitet als Bildungsreferent bei der Arbeitsgemeinschaft für katholische Familienbildung in Bonn. Deswegen interessiert ihn alles, was mit Paaren und Beziehung zu tun hat. Außerdem produziert er Musik und gibt Seminare. Das hat er studiert: Musik, Sozialwissenschaften und katholische Religionslehre – daneben spielte er in Bands und reiste durch die Welt. Das merkt man: Er weiß nämlich in jeder Großstadt, wo es die beste Currywurst gibt.

1. Auflage 2019
Ein camino.-Buch aus der

Umschlaggestaltung: Finken & Bumiller, Stuttgart
Satz und Gestaltung: wunderlichundweigand, Schwäbisch Hall
Druck und Bindung: Finidr s.r.o., Lípová 1965, 737 01 Český Těšín, Czech Republic
Verlag: Verlag Katholisches Bibelwerk GmbH, Silberburgstraße 121, 70176 Stuttgart

www.caminobuch.de
ISBN 978-3-96157-089-8

Auch als E-Book erhältlich unter
ISBN 978-3-96157-980-8